U0519277

CHENSIJIN
TOUZI RIRIKE
SHENGHUO ZHONG YIBAI GE TOUZI BIDATI

陈思进
投资日日课

生活中**100**个投资必答题

陈思进 ｜ 著

西南财经大学出版社
中国·成都

图书在版编目(CIP)数据

陈思进投资日日课:生活中100个投资必答题/陈思进著.—成都:
西南财经大学出版社,2018.11
ISBN 978-7-5504-3796-8

I.①陈… II.①陈… III.①投资—基本知识 IV.①F830.59

中国版本图书馆CIP数据核字(2018)第245401号

陈思进投资日日课:生活中100个投资必答题

陈思进 著

总 策 划:李玉斗
特约策划:马玥(考拉看看) 杨良(考拉看看)
责任编辑:王正好
助理编辑:周晓琬
封面设计:何东琳
责任印制:朱曼丽

出版发行	西南财经大学出版社(四川省成都市光华村街55号)
网 址	http://www.bookcj.com
电子邮件	bookcj@foxmail.com
邮政编码	610074
电 话	028-87353785 87352368
照 排	四川胜翔数码印务设计有限公司
印 刷	四川新财印务有限公司
成品尺寸	142mm×210mm
印 张	6.875
字 数	134千字
版 次	2018年11月第1版
印 次	2018年11月第1次印刷
书 号	ISBN 978-7-5504-3796-8
定 价	48.00元

前言：投资和投机有什么区别呢？

投资和投机的区别是很多财经媒体，甚至许多专家都分不清，以致混为一谈的。

其实，投资和投机是有本质的区别的。首先，最基本的概念就完全不同：

·投资——基于价值的变动

·投机——基于价格的变动

对于金融市场的参与者来说：

从动机上，当你买入一个金融产品之后，如果你是指望这个产品能不停地产生收入，比如定期得到利息分红和房租收入，那就是投资；而如果你只是准备以更高的价格卖出，比如，黄金或股票的低买高卖，那就是投机。

事实上，投资的收益，是来自投资物所产生的财富，也就是说，你的投资将金融市场的蛋糕做大了；而投机的收益，则是来自于另一个投机者的亏损，也就是说，金融市场的蛋糕还是那个蛋糕，投机只是一个分蛋糕的过程。

这些年来，房子是国内百姓最热衷的话题，那就拿房子来举例说明。

房子本是人类的生活必需品，房子是用来住的。按理说，房子本来和投资、投机都没有关系，就像买车一样，属于消费，是用来改善生活的。

不过，这20年来，由于国内房价几乎只涨不跌，许多人看到了房子的"金融属性"，即买入等着涨价之后卖出赚钱。特别是，还能利用银行贷款买房，那更是加了金融杠杆。这时，买房已经不是一般的投机，而是像金融衍生品一般的投机炒作了！

许多专家不同意上述观点，他们认为房子是会不断增值的，所以，买房子也是投资行为。

可他们忘了最关键的一点：在房地产中，能够增值（价值能够变动）的只是土地，房子不过是土地的附加值，只是消费品而已（即房子是住的）。在中国，买了房子并没有买下土地，你拥有的只是房子的使用权。因此，在国内买下的房子是不会增值的，即不存在价值的升值，上涨（或下跌）的只是价格。

总之，从金融角度看，在国内买房只能视为投机行为！

但是，如果你买入房子，希望得到的是房租的收入，那倒是勉强可以算作投资行为。不过，就国内的租售比而言，房租的收入往往比银行的定期利息还低，这样的投资，也只是一种得不偿失的投资。

再拿股市来举例，如果你买入股票，希望得到的是不断的股息分红，那可算投资行为；而要是通过希望通过低买高卖获利，那就是投机行为。

再强调一下，投资是做大蛋糕的过程，投机只是分配蛋糕的过程。也就是说，投资的收益，是来自于投资物所产生的财富；投机的收益，是来自于另一个投机者的亏损。

对于普通散户而言，由于市场信息极其不对称，风险几乎是不可控的。所以，散户投机和赌徒的行为本质类似。结果就像赌徒总是输给赌场一样，散户多半儿会输给庄家！

目录

第一部分 房子还能买吗?

第二部分 股市还能投吗？

第三部分 比特币现在还能投吗？

第四部分　黄金现在还能买吗？

第五部分　货币该怎么投？

第六部分 金融衍生品该怎么投？

第七部分 金融危机是怎么来的？

第八部分 未来的投资机会在哪儿？

第一部分

房 子 还 能 买 吗 ?

1. 马云说"八年后中国最便宜的东西可能就是房子",他的话可信吗?

这轮调控已过去一年多了,全国上百城市发布收紧政策,调控次数累计超过 400 次!在多个调控政策压制下,部分城市房价已经出现了跌幅相对较高的局面。

在十九大报告中,习近平总书记以简洁有力的 49 个字为楼市调控定下基调:"坚持房子是用来住的、不是用来炒的定位,加快建立多主体供给、多渠道保障、租购并举的住房制度,让全体人民住有所居。"

尽管马云的"八年后中国最便宜的东西可能就是房子"这句话的背后肯定还有其他的思维逻辑,但仅从上述这点来看,马云这句话并非空穴来风,而是有背景、有基础的,有极大的可信度。

不过,近 20 年来,中国房价以上涨为主流,在几乎所有国人的心中,房价,特别是中国房价,只涨不跌已然成为思维定势。由于惯性使然，我认为，只有当"中国房价永远只涨不跌"的预期在绝大多数国人心中破灭时，中国房价的真正拐点才可能真正来临。

举另外两个大国楼市走过的路为例吧：

三四十年前的日本楼市经历了从出现泡沫到泡沫破灭，之后全日本的房价下跌70%，东京房价下跌90%，直到现在日本房价还不到当年最高时的一半。

美国在2001年出现了互联网泡沫，破灭后美联储实行大幅度货币宽松政策，鼓励全民举债买房，结果发生了次贷危机，并引爆金融危机，房价下跌30%，迄今还没有完全走出来，而更大金融危机可能会在不久后再次来临。

与上述两例相比，中国在2011年人口红利出现拐点。随着人口老龄化时代的到来，推动房价上涨最主要的刚需力量已然衰退，再加上遏制炒房的各种措施，一线楼市进入冰封期，三、四、五线城市去库存也已经基本完成，除了少数几个二线城市房价还在上涨以外，房价上涨趋势基本上已经到头了。

总之，可以这样说，此一时彼一时，这次调控和以往真的不同了。待到"中国房价永远只涨不跌"的预期在绝大多数国人心中破灭时，马云的话就可成真了，拭目以待吧。

2. 有人说房地产黄金时代已经结束，为何一些地区的房价还在上涨？

在严厉的调控之前，像北京、上海、深圳这样的超一线城市，这一年多来的房价涨不动了。北京房市已出现了明显的价格下跌；上海和深圳的房市，特别二手房市，也是有行无市。

房子是商品，最终由供求关系决定其价格。至于一些城市的房价还在上涨，具体情况具体分析，都有其原因的。

如有些地方，主要是一些三、四线城市，它们的房地产热销，是"棚改货币化安置"的结果，带动那儿的房价上涨。这种情况预计还会持续一两年。

再如，最近一些城市摆出抢夺人才的架势，如成都、杭州、西安、武汉、合肥等地。一旦形成人口净流入，那进入这些城市的"人才"，由于多年来形成的思维惯势，只要能买房子，至少会买一套房子，那么这些城市的房价自然上涨。

另外，还有一个原因是"传导作用"，即许多热钱，原本是在一线城市房市的，现在一线城市房市冰封了，便向一些二、三线，甚至四线城市传导，带动了那儿的房价上升。

但是，要特别提醒的是，那些城市往往是没有二手房市的。

最后，顺便说一下，总体而言，中国的房地产黄金时代已经结束，除非你是刚需（必须买，也买得起的刚需：无论房价高低，随时都可买，否则就不是刚需了），关注中国房价已经没多大意义了。因为，投机：房住不炒，靠炒房能发大财的周期已经过去了；投资：租售比依然太高了，待房租超过银行定存收益后再考虑吧。

3. 房价还可能降回 2010 年前的水平吗？

第一，局部地区房价大跌的可能性一直存在。事实上，即使在前 20 年中国房价总体一路上涨之时，深圳、海南、温州、杭州、鄂尔多斯等地的房价都曾大跌过，深圳房价曾在一年内下跌30%，温州房价曾遭腰斩，杭州房价曾连跌五年。

第二，要考虑到通货膨胀的因素，如果按每年 10% 通货膨胀率的话，那八年就上涨 2.15 倍，也就是说，2018 年 200 万元的房子，相当于 2010 年 93 万元的房子。

退一步讲，即使不考虑上述两点，就谈中国普遍的房价，仅从自然资源部指出的：**政府将不再是居住用地唯一提供者**，这就使得中国房价变化的基本逻辑已经变化了。

在第九届中国地产领袖年会上，任志强先生提到，1982 年通过的《中华人民共和国宪法修正案》就是把土地变成公有制，这次如果把土地变成私有制，那就是大变了。

任先生曾经提到，这些年来，中国商品房价中，土地价格成本占了 70%以上。那也就是说，一旦土地成本大幅下降，会直接影响到房价。

这个变化将是巨大的，因此，连之前一直认为"中国房价永远涨"的任先生都改变了话风，那显然现在的猜测都是存在变数的。

可以这样说，任何商品（如土地），一旦垄断了，那价格（如房价）就自然会由垄断者控制。而一旦不垄断了，就意味着有竞争了，而商品一旦有了竞争，对于消费者而言，那肯定是利大于弊的。

中国房价是否可能降回 2010 年前的水平？一切皆有可能。

4. 为何专家预测房价走势老是不准？

首先，我想很明确地指出，即使有些经济学家特别关注楼市，但他们也无法准确预测房价的具体走势。因为，经济学是科学，有一套严密的论证方法和研究工具。同时，经济学不属于自然科学，不像物理、化学、生物学那样，其研究结果的准确度放之四海皆精准。

其次，如果经济学家去预测房价具体走势，那真可谓不务正业了。

真正的经济学家，应该去洞察社会和经济发展的深层规律，用理论研究和测试，来解释他们周围的世界；进而作为政策顾问，用自己的理论来影响并帮助决策者，用他们的理论来推动经济的发展。

事实上，近现代以来，经济学家和自然科学家对历史发展进程的推动作用是同等重要的，也正因此，诺贝尔奖从 1969 年起增设了经济学奖。

下面，介绍几位我最崇拜的，对社会发展影响极大的经济学大师：

①亚当·斯密（Adam Smith，1723—1790年），英国人，现代经济学之父。

②大卫·李嘉图（David Ricardo，1772—1823年），英国人，继承和发展了斯密经济理论中的精华，使古典政治经济学的发展达到了最高峰。其比较优势学说构成了现代贸易理论的基石。

③约翰·梅纳德·凯恩斯（John Maynard Keynes，1883—1946年），英国人，现代西方经济学最有影响的经济学家之一。

④保罗·萨缪尔森（Paul A. Samuelson，1915—2009年），美国人，第二位诺贝尔经济学奖得主，将以马歇尔为代表的新古典经济学与凯恩斯主义经济理论综合在了一起。

⑤弗里德里希·冯·哈耶克（Friedrich August Hayek，1899—1992年），奥地利裔英国经济学家，伦敦学派的代表人物，也是极端的经济新自由主义者。

⑥米尔顿·弗里德曼（Milton Friedman，1912—2006年），芝加哥经济学派和货币主义的代表人物。

最后，我想再强调一句，请别再将经济学家或社科专家和预言家混为一谈，预测任何金融市场的走势都不是他们的责任和义务；并请记住巴菲特的恩师——格雷厄姆的名言："如果说我在华尔街60多年的经验中发现过什么的话，那就是没有人能成功地预测市场……"

5. 兰州放开了限购，房价会涨吗？

首先，我向来不认为限购是调控房价的有效措施，这只是政府不得已而为之的举措，其效果往往只是暂时的，并非"长效机制"，反而给人们留下那儿的房子"奇货可居"，是值钱的，是会涨价的印象。事实上，之前多年多次限购的调控结果显示，一旦放开，房价就会"报复性"反弹。

而我从多年前就建议，调控房价最有效的措施是，坚持"房住不炒"，关键是将房子回归居住属性，去除投资品的金融属性。也就是说，所出台的政策关键要考虑的是怎样遏制炒房。

其实有效调控房价的方法非常多，如加大土地供应量、大幅增加交易成本、大幅增加持有成本（如在欧美行之有效几十年，甚至上百年的征收房产税，特别是高空置税）、大幅提高房贷利率、第二套房开始不提供贷款等。

若真想让房价回归理性，有效的方式其实很多，就看是否采用并有力执行了。

中国楼市从整体来看，已经涨了 20 多年了，"房价只涨不跌"已经成为中国老百姓的思维定势。这就是好似金融市场中的炒预期，也就是说，只要"房价只涨不跌"的预期还在，中国房价就难以回归理性。因此，最关键的是要打破"房价只涨不跌"这个思维定势。

最后，回到"兰州放开了限购，房价会涨吗?"这个问题。据我所知，兰州一方面还有大量的空置房，去库存压力很大；另一方面，像兰州这样的三线城市，进一步发展的关键在于引进人才、留住人才，而房子对于中国人才而言，是极其重要的一环。也就是说，兰州放开了限购一方面是为了去库存，另一方面是为了吸引人才。

那么，我的判断是，短期内兰州房价会有回升，但大幅上涨是小概率事件。因为，大幅上涨的话，对人才又没有吸引力了。而这点对于其他几个最近将放松楼市调控政策的省会级城市而言，道理是一样的。

总之，"房住不炒"，建立稳定房价的长效机制是大趋势。

6. 农村人在城里买房，值不值？

如果是刚需的话，也就是说，有了钱，买得起，必须在城里买房，是自住的。那就不用多想了，一个字：买——房住不炒，需要就得买。

如果是可买可不买，也就是有钱，考虑在城里买房赚钱。那就不要买。

就这几天，大众似乎对调控楼市的信心突然坍塌，随着一些城市对楼市调控的变相松绑，大众又重拾房价将不断上涨的预期。

在中国，只要预期不变，那房价就依然会涨。

那么结果呢，也很简单，在全球进入加息缩表的货币紧缩大周期、美国减税的大背景下，中国房价再涨的话，将引发金融危机，经济将难以恢复可持续健康发展。

如加拿大，近年来，房地产在加拿大野蛮生长，使得实体经济陷入困境，甚至哀鸿遍野，大批生产企业南迁至墨西哥，甚至迁回美国，剩下的只有房地产，及一地鸡毛……

那么中国是否也会像加拿大那样呢？

特别提示，最近自然资源部指出：政府将不再是居住用地唯一提供者。这就使得中国房价变化的基本逻辑已经变化了。

最后再回到问题："农村人在城里买房，值不值?"如果将房子作为投资工具，那投资逻辑就如同战场，楼市、股市都是一样的!

7. 为什么现在三、四线小城市房价涨这么快，以后会降吗？

　　现在中国处于城市化进程之中，农民进城是大趋势，在供求关系之中，需求大大提升，中国城市的房价的确有上升的动力。但是，从总体来看，对于绝大多数进城的农民而言，不能再依靠土地获利，那么，他们凭什么能什么进城买房，靠打工可能吗？而当房价对于原有的城市居民都太贵时，怎么可能靠农民进城"接盘"，也就是说，高房价恰恰成了城市化的关键障碍。

　　不过，具体而言，近两年有很多之前在大城市打工多年的农民工，由于大城市房价太高，放弃了留在一、二线城市的梦想，开始大量回乡置业，这也成了推动三、四线小城房价上升的主要原因之一。

　　至于三、四线城市的房价以后是否会降，最终得看供求关系，归根到底得看这个城市的人口是净流入，还是净流出。如果是净流出的话，只要房价出现泡沫（用房价收入比、租售比等尺度可以判断），无论有多少其他的因素，只要供过于求，那房价最终必然会下降的。而且在泡沫楼市中，房价一旦下跌，会比上涨的速度更快。

就目前国际形势来看，全球进入货币紧缩周期，中美出现贸易摩擦；就国内形势看，国家明确反复表示"房住不炒"，并实施各种措施试图抑制房价，等等。总体而言，国内房价再飙升的可能性已经不大了，是小概率事件。

8. 如果要投资房产，现在还有什么好地方？

如果是投资房产，特别是希望通过未来的房租来作为投资收益的话，我给出几点基本的提示：

①中国地大人口众多，大大小小无数个城市，而楼市其实是各个城市不同的市场，因此，任何时候都有某个城市的房产值得投资。如我几年前曾多次提到西安的楼市，那时西安的房价，和其他同等城市相比，显然是价格低洼。

②房子也是商品，房价归根到底由供求关系决定。由于中国人在骨子里的"拥房情结"，所以，一般而言，只要是人口净流入的城市，其房价就有上升的潜质。

③为何一个城市会有人口净流入，特别是有年轻人进入？一般而言，吸引他们的是机会，也就是说在这个城市获得成长的机会，而房价和一个城市的发展是成正比的。

最后要强调的是，一旦房价高到当地普通百姓难以负担的时候，这个城市就将失去活力，届时，发展就会逆转。

9. 房价如果涨到普通百姓买不起之后该怎么办？

迄今中国还没有出现这样的情况，即使在房价最高的北京、上海、深圳，普通百姓依然还是能买房的，尽管大多需要"六个钱包"的帮助，这也是中国特色吧，因为按房价收入比，北、上、深的房价好像早就和普通百姓没有关系了。

如果国内房价涨到普通百姓倾全家之力都买不起的话，那么看一下纽约曼哈顿的情况就知道了。

曼哈顿是全球房价最贵（或最贵之一）的地方，当地普通百姓早就不买房了，超过90%以上的居民租房生活，看一下曼哈顿背景的美剧就知道了。

最明显的是，中国的大城市的房价一旦达到这个程度的话，很可能就会像曼哈顿那样，100多年来人口不再增长，固定在一定的数字之内，成了一个"铁打的营盘流水的兵"一般的城市……

10. 京、沪人口出现40年来首次减少，深圳房价增长潜力是否比京、沪更大？

在中国，我同意影响房价最主要的因素是：长期看人口、中期看土地、短期看金融。

北京、上海和深圳已经是中国房价最高的三个城市了，几乎不分伯仲。北京和上海的人口已经开始减少，而且看上去会形成趋势，而深圳依然是人口净流入城市。

上海鼓励租售同权，并为进入上海的人才建造大量的长租公寓，这至少在较大程度上减少了刚需；而北京已经定下来人口上限，同时发展公有产权房，这也在一定程度上对房价上涨有所抑制。

虽然影响房价还有其他多方面的因素，但仅从商品供求角度来看，深圳相比北京和上海，具有更大量的购房需求。

因此，单从上面关于人口的简单分析就能看出，相对而言，深圳房价的增长潜力应该比京、沪更大。

如果深入分析的话，有七大因素可反映房价增长潜力：常住人口、工作常住人口、小学生人数增长速度、优质公共资源、人均库存、人均土地面积、房价收入比。

对于常住人口和工作常住人口，前面我已经分析过了：深圳超过北京和上海。

在剩下的五大因素之中，据大猫财经在 2017 年 11 月的分析，除了优质公共资源，深圳不如北京和上海，其他四个因素，深圳都超过了北京和上海。

总之，对于深圳房价增长潜力是否比京、沪更大这个问题的答案是：是的，不错。而更谨慎的回答是：长期来看，我认为深圳房价增长潜力比京、沪更大。

11. 房子和股市都有赚钱的，但为啥你只听说房子造富？

自改革开放、房改，特别是加入世界贸易组织以来，中国的房价尽管经过多次调控，几乎依然只涨不跌，这使得国人产生了心理定势、惯性思维。

加入世界贸易组织之后，中国最大的通货膨胀，其实发生在CPI统计范围以外的房地产市场。这些年来，在缺乏其他成熟的投资渠道的情况下，超发货币持续涌入房地产业，尽管这极大地改善了民众的居住条件。但在货币供给下，一波又一波的投机热潮不断推高房价。同时，房价的上升又进一步通过银行乘数效应，使得实际货币增发，从而形成了一场"狗追尾"式循环，使得房价一路高企……

现在中国房价究竟高到了什么程度？答案是：已经高到国际金融机构在评估各国房价泡沫程度时，不把中国房价列入评估的程度了。犹如普通的秤最多到达150千克，如果一个人体重超过

了 250 千克的话，在医学上就不能用"fat"（胖）形容，只能用
"obesity"，中文可翻译成"痴肥"来形容了。

而使用其他如股市、P2P 等投资工具，亏钱的人太多了。也
正是在这样的投资环境下，民众认为只要买房就会富有是自然而
然的。

但是，金融市场是有周期的，经验往往是不能持续的。随着
租售并举、共有产权、房地产税等政策的推出，房价上升的预期
将发生改变，待到中国房价进行一次像样的调整，买房致富的观
念就会发生变化，就像二、三十年前的日本楼市的改变一样……

12. 如果开征房产税，租房市场受到的影响是什么?

十年前我就建议推出房产税，并且反复地提出具体如何征收：如以家庭为单位，第一套自住房免征，从第二套自住房开始征税，然后税率阶梯式上升，即第三套自住房税率要高于第二套自住房，依此类推……

关于房产税，想必是最多人关心的问题，因为中国的住房拥有率超过了91%，房产税一旦开征，几乎和每个中国人都有直接或间接的关系。对于租房的人而言，征收房产税是否会影响到房租，他们自然也很关心。

最近，中国征收房产税终于进入议事日程，预计2020年之后将开始实施。虽然绝大多数问题我早在多篇文章，以及至少两本书中详谈过了，但此处再简单说明一下几个大家最关心的问题：

①税率多少?

如果按国际惯例，税率一般在1%~3%。

②按什么价格征收?

如果也按国际惯例，那将按市场价格征收。

③怎样征收？自住房需要缴税吗？

由于征收的各种复杂性，预计将会由房主主动申报缴纳。若未申报缴纳，预计将在出售房产时，一并罚缴、补缴。也就是说，在交易环节时执行。

④将会影响房价吗？

会，将稳定房价，甚至降低房价，原因在下面一并回答。

⑤回到问题本身：对租房市场的影响是什么？即会影响房租吗？

会，将稳定房租，甚至降低房租。

所涉及经济学常识：最终决定价格的不是成本，而是供求关系。租房市场是个有效市场，只有在供不应求的情况下，房租才有可能上升。据官方统计，国内一线城市的房屋空置率在20%左右，二、三线城市更高。而推出房产税之后，空置房拥有者的持房成本将增加。如果再对空置房征收重税，同时对用于出租的房产减免税的话，那就会迫使空置房要么出售（那就会降低房价），要么被逼入出租市场，使出租房供应增多，按照供求关系，房租自然会降低。

13. 房产税的落实会影响房租的价格吗？

　　实施房产税多年的欧美，尽管某些时间段，部分地区的房价会异常上涨；但据 100 多年来的数据，欧美总体房价的增长和通货膨胀率持平，也就是说，扣去通货膨胀因素的话，房价一直相对稳定。

　　欧美的租房市场，更是个有效市场，也就是说，相对当地人的平均收入而言，年租金一般都在平均年收入的 30% 以下。

　　国内有许多人担忧，开征房产税会伤及普通百姓，特别担忧房产税会传导到房租上，使得房租上升。

　　这种担忧是有道理的。

　　所以，房产税征收的关键在于征收的目的和如何征收。

　　如果是为了提高住房持有成本、遏制炒房，即"房住不炒"的话，那可以按照我多年之前提出的建议：对非自住房征税，以第二套甚至第三套房为起征点，并实施阶梯式税率，房子越多，税率越高；特别对空置房征以重税，将其逼入租房市场。同时，对出租房少征甚至免征房产税。

那样的话，对房租上升的担忧就完全没有必要了。

也就是说，租房市场是个有效市场，只有在供不应求的情况下房租才会上升。

如果房产税征收得当的话，恰恰可以增加住房拥有者的持有成本，逼迫大量的空置房进入市场，或出租，或出售，这样不仅使得房价回归理性，更会降低房租！

顺便提一下，在欧美等国家，政府会控制房租的涨幅，每年的涨幅不能超过通货膨胀率。

另外，如果中国在房产税出台的同时，也能限制房租的涨幅，并将房产税的一部分用于长租房、廉租屋等的建设，那房租就更没有上涨的可能了！

总之，只要房产税征收得当，就会使得房租下降。

14. 房地产租售比能反映出什么?

所谓租售比 (price to rent ratio),就是用房子的市场价除以租金得出的比值。比如,一套房子的市场价是 1 千万元,月租金是 5 万元的话,那这套房子的租售比就是 200 倍,即这个房子的市价等于 200 个月的房租。

租售比是用来比较房屋的拥有成本与租金支出。从金融上而言,租售比可以得出买房还是租房能以更低的支出得到更高的回报。一般而言,如果出租的回报高,谁会愿意折价卖掉自己的房子?同样,如果可以用更少的钱租到房子,谁愿意花大价钱去买房?

国际上,特别是美国、日本及欧洲国家,一般合理的租售比在 160 倍以下。也就是说,一套 1 千万元的房子,只要租金在每月 6.25 万元以上,从金融角度上来说,买房比租房合算;而要是月租金低于 6.25 万元的话,那租房就比买房合算。租金越低,租售比就越高,租房就越合算。

不过，对于中国房市而言，由于一些特殊情况，比如目前还不需缴纳地产税，即在中国拥有房子的成本比前述国家低，因此，中国的合理租售比可以从欧、美、日最高的160倍，大幅提高至200倍以上。如果再考虑到中国一线大城市，如北京、上海、深圳的特殊情况，合理租售比更可以调高至240倍，即合理租售比是房价低于240个月租金。即从金融角度而言，在中国的一线城市，一套1千万元的房子，如果月租金在4.16万元以下的话，租比买合算；反之，买比租合算。

　　最后要特别强调的是，事实上，当今中国，特别是在北、上、深那样的一线大都市，租售比普遍超出600倍，超过800倍甚至1 000倍的也随处可见。那是否就能得出租房比买房合算呢？只能这样说，因为租售比仅从纯金融角度来衡量，即从金融角度来说租比买合算。但前面提到过，中国的情况非常特殊，因此，在中国，买房还是租房，仅靠租售比无法判断。

15. 房价越来越高有什么危害？

房价越来越高，除了对炒房者而言，对任何人其实都没有好处。对于买房为了自己居住的人而言，房价再高，也只是纸面富贵，而且，一旦开征房产税，房价越高，负担越大。

对于一国的经济而言，房价越来越高，高到脱离普通百姓的收入水平的话，那更是有百弊而无一利。原因主要有以下几点：

①虽然房地产业会从高房价中获得暴利，但是资本逐利，大量资本被吸引进入房地产行业，将阻碍其他产业，特别是制造业的发展，这会直接损害实业经济。

②紧接着，高房价虽然增加了地方政府的财政收入，但是却提高了国家市政、住宅建设，及企业扩大再生产（即实体经济）的成本。

③城市的高房价将阻挡人才的自由流动，妨碍城市的可持续健康发展。

④高房价拉大了贫富差距，使得阶级固化，使得中下阶层难

以晋升。

⑤高房价表面上提高了有房百姓的财富，但却将他们的积蓄耗尽，甚至透支了今后几十年的消费能力，使得内需大幅降低。

⑥最严重的是，高房价消耗了人们最宝贵的体力和精力，将可能导致未来人口的大衰退。如现在虽然开放二孩政策，但是人口结构并没有回归理想状态。

总之，高房价妨碍了整体经济的可持续健康发展，这就是为何决策者从几年前开始反复强调"房住不炒"最根本的原因。

16. 房价暴跌真得会让很多人买得起房吗？

最近，一则"北京、上海超过洛杉矶、香港，跻身十大最富城市"的消息刷屏，估计北京、上海的人大多很兴奋。不过，冷静思考之后，我不得不泼些冷水：北京人和上海人的财富中有85%（甚至更高比例）已沉淀到"不动"的房子上。而按国际标准，对于个人而言，百万富翁是指不动产以外的净资产超过100万美元，即不包括房产。因为，高房价带来的未必是消费能力提升，还有可能是"贫困式增长"。

其次，房价暴跌，在近20年来的中国，几乎是不存在的（除了个别城市曾经有过）。一般情况下，房价在中国不涨就已经"不错"了，最多小跌，暴跌简直是不可想象的。

那就让我们看看曾经暴跌过的地方的情况，比如近邻日本吧。

1990年，那时是日本房价上涨得最疯狂的时候。此后东京房价一路狂跌，最高下跌70%，东京部分地区房价下跌90%，整个日本房价平均下跌 70%，这真可谓暴跌。而那时东京的人均年收入为 694.1 万日元（相当于人民币 39 万元），是不是很多人买得起房了呢？

是的，也不是。当时日本房价大跌，对于那时还有工作的人而言，如果想买的话，自然是能买得起的了。但是，日本的房地产泡沫破裂时，人们普遍想的并非买房，而是能否保住工作，能否保住自住的房子。事实上，直到今天，仍有很多日本人还在背着当年欠下的沉重债务，还银行贷款，不少当时的房奴流浪街头。迄今在日本，若有人劝日本人买房，就好似害他们一般，因为，他们尝够了房价大跌的苦头了。

直到现在，东京房价也仅恢复到当初高点的 50% 左右而已。

而目前的中国房价，无论按房价收入比、租售比等尺度，都已然超过了当年的日本，北、上、深也超过了当年的东京。一旦房价暴跌，可想而知，除了还有工作的人有刚需，需要自住房可另当别论，其他的根本就不是是否买得起房子的问题了。即会和当年日本一样，就算买得起了，也没几个人再买房子了。

17. 一旦房子价格暴跌，我们会面对怎样的场景？

首先要说的是，中国前二十多年来的房价，总体而言一路向上，没有有效的调控，特别是在北、上、深等超一线都市，买房和不买房的，仿佛形成了两个不同的阶层。惯性使然，国人大多认为房价是永涨不跌的。国人买房的热情别说在中国了，绝大多数欧、美、日城市的房价，与北、上、深房价一比，实在太便宜了，国人自然开始在国外买房。如我所在的多伦多，成了华人炒房最疯狂的欧美城市，十年不到，就已多次被国际金融评级机构列为全球房价泡沫最大城市。

真可谓"朝菌不知晦朔，蟪蛄不知春秋"，一旦房价下跌会出现什么场景呢？在各国房地产崩盘的经验中，最著名的莫过于日本了，而日本房地产崩盘很多原因和当下中国情况类似，就回顾一下日本的状况吧。

当年，由于各种原因，日本房价上涨，引诱许多日本人拿出毕生积蓄投资房产。1990年3月，日本的房价达到了不可思议的地步。想一下，日本全国土地面积只有美国加州那么大，大约等于美国面积的4%，但整个楼市总值却相当于当时整个美国房价的四倍！

那时，绝大多数日本人和现在的中国人类似，相信"房价只升不降"。但到了1990年秋季，东京房地产交易量突然大幅下滑，然后房价以东京为中心开始崩盘，接下来就一发不可收拾。到2000年，日本房价平均跌幅超过70%，东京部分地区房价的平均跌幅甚至高达90%！

由于当时的日本银行风险意识太弱，整个银行的房地产抵押贷款就像滚雪球一样迅速扩大。最后，日本所有发放房贷的银行一个一个沦陷，落进呆账与坏账的噩梦中，日本房地产业和金融业同时全面崩溃。直到现在，快20年了，日本房价和当年最高时相比，只有一半左右，随时还会下跌。但受房地产崩盘的心理惯性使然，现在，多数日本人再也不愿买房了……

那么，日本的情况会不会在中国重演呢？毕竟中日两国国情不尽相同，未来中国房价即使下跌，会出现什么状况呢？我们无法预测，只能拭目以待了。

18. 为什么说房价上涨是在创造货币？

我先从乘数效应谈起吧。

银行员工，或其他金融机构做贷款的人都知道，银行（或其他金融机构）通过贷款就能"创造"货币。

用一个例子来说明吧：

假设某银行贷 100 万元房贷给客户 A，于是这个客户的账上就被记入了 100 万元，不过，因为这 100 万元还是存在银行的账上，同时客户 A 的房子也抵押给了银行。于是，这银行就可以把这 100 万元，扣去 5% 的储备金，将剩下的 95 万元，作为银行的存款再贷给客户 B。客户 B 获得了房贷 95 万元之后，银行再扣 95 万元的 5% 后，将 90.25 万元贷给客户 C⋯⋯，依此类推，直到客户 Z⋯⋯

仔细看一下，在这一系列的贷款过程中，银行每放一次房贷，就等于同时"创造"了一笔等额的货币。于是，就这样，这家银行将最初央行发出来的 100 万元基础货币，通过房贷系统，创造出来了 1 000 万元"货币"。

这就是银行的货币乘数效应，通过这个效应可以清楚地看到：房价越涨，货币就被"创造"得越多。

那么，弄懂了这个问题，就可知道，近年来，在中国房价问题上所谓"这些年来，虽然中国发行了大量的货币，但'幸亏'房地产，特别是高房价吸收了大量的流动资金，才减缓了通货膨胀——即高房价避免了恶性通货膨胀……"的说法，真可谓本末倒置！

事实上，恰恰因为买房是全民通过杠杆借贷，通过银行乘数效应创造了大量的货币……于是，"狗追尾"现象出现，狗越转越快——房价越炒越高，货币越来越泛滥。

所以，房价上涨通过银行的货币乘数效应创造了超发货币。

19. 如果再遇到金融危机，投资房产能够抵御风险吗？

这个问题估计是很多人都关心并想问的，但是，这个问题本身就本末倒置了。

住房和城乡建设部原副部长仇保兴在"博鳌亚洲论坛 2018 年年会"上指出：再继续炒房，金融危机就来了。他在分论坛"楼市：这次真的不一样"上说，此轮房地产调控与此前形势相比具有三个不同点：

第一，目前形势不一样；

第二，采取多层次的调控方式；

第三，我们第一次认识到房地产市场如果处理不好，继续炒房的话，那金融危机就来了。

第一点和第二点和本题无关，略去不提。而第三点，他对于楼市的看法，正如我多年来反复强调的：长久过热的楼市，令金融危机如影随形。显然，现在决策者也意识到了。

防范金融风险是 2018 年的重点问题。防范的方法就是要遏制资产价格上涨过快而产生的泡沫。在中国，统计资产价格就只统计两种：股价和房价。而这次中央在十九大中所提出来的抑制资产泡沫不是指股市，而是指楼市！

我几年前就指出，中国房价的泡沫程度之高难以估计，因为国际上的很多计算尺度，如"收入房价比""月收入每平方米价格比""租售比"等，都难以估算泡沫的程度。

也正因此，国际权威金融机构，如我的老东家瑞信，几年前在评估各国楼市泡沫时，就不将中国楼市列入评估名单了。

写到这里，相信已经回答了"如果再遇到金融危机，投资房产能够抵御风险吗？"这个问题。当然，这里的房产是指中国房产，因为，投资海外房产对于中国普通百姓单从换汇而言，就不太可能了。

20. 为什么房产存在买涨不买跌的"反市场规律"现象?

巴菲特有一句名言:"在别人贪婪时恐惧,在别人恐惧时贪婪。"即在金融市场中,不要随大流,要反其道而行之。具体而言,就是在市场下跌时买入,在市场上涨时抛出。

但是,知易行难,特别对于普通投资者而言,"买涨不买跌"正是绝大多数人的惯性行为。这种行为恰恰不反市场规律,反而是几乎所有金融市场中,投机散户的市场规律。

就拿中国的房市来说,前 20 多年来,几乎只涨不跌,普通百姓买房和不买房的结果,导致其分化成为两个阶层。民众产生了中国房价只涨不跌的心理惯性。即使在调控如此之紧的这两年,房价依然上涨。限购、限价、限贷,反而使得房子好似稀缺品一般。许多人一有钱就买房,越涨越买,越买越涨,形成了金融市场的"反身性"(Theory Of Reflexivity),也就是市场预期会导致参与者们按预期行动,结果预期成真,形成一个自我实现的循环，通俗形容就是"狗追尾"现象……

因此，这几年，尽管一线城市房价冰封，但房价并没有实际下跌。同时，资金传导到二线城市，导致当地房价上涨，三、四线城市的去库存也大见成效。显然，对于投机炒房者（尽管决策者反复强调"房住不炒"）而言，必须买涨不买跌，这就是投机市场的规律。

其实在股市里，这个现象更明显，特别在以散户为主的中国股市中，过度交易、重仓、追涨杀跌等是常态。

总之，金融市场是检验人性的最佳之地，恐惧和贪婪是人的本性，没有几个人能避免。"在别人贪婪时恐惧，在别人恐惧时贪婪"只存在于巴菲特的言语之中。而"在别人贪婪时更贪婪，在别人恐惧时更恐惧"才是常态——投机市场的规律。

21. 央行降准会使房价再度上涨吗?

引用央视财经《中国财经报道》栏目报道:有机构调查数据显示,深圳目前一手住宅的房价收入比已经达到了40.2,是国际合理房价收入比近7倍之多(一般的国际水平在6倍左右是合理的)。

这是国内一、二线城市的普遍现象。对比一下当年东京圈在房价大跌之前的房价收入比(见表1),中国房市泡沫之高可见一斑。

表1 　　　东京圈住宅价格收入比（根据距离圈划分）

年份	年收入（千日元）	距离圈（km）							东京圈平均
		<10	10~20	20~30	30~40	40~50	50~60	>60	
1980	4 493	7.96	6.39	5.54	5.07	5.14	4.91	5.19	6.26
1981	4 795	7.95	6.73	5.68	5.36	4.52	4.88	4.50	6.32
1982	5 024	8.12	6.51	5.37	4.96	4.96	4.37	5.60	6.18
1983	5 261	7.20	6.61	5.37	4.96	4.96	4.37	5.60	6.18
1984	5 453	6.93	6.15	5.20	4.59	4.66	4.47	–	5.64

年份	年收入（千日元）	距离圈（km）							东京圈平均
		<10	10~20	20~30	30~40	40~50	50~60	>60	
1985	5 655	6.95	5.78	5.12	5.28	4.54	4.67	–	5.62
1986	5 851	7.10	5.93	4.94	4.79	4.63	4.65	–	5.36
1987	6 069	10.89	7.93	5.86	5.40	4.91	4.60	–	6.48
1988	6 210	15.62	10.43	7.25	7.10	6.26	6.10	4.28	8.14
1989	6 523	16.95	10.38	8.27	7.53	6.86	6.90	5.07	8.73
1990	6 941	18.70	12.61	8.95	9.05	8.16	7.92	5.54	10.02
1991	7 351	16.05	11.19	8.64	8.17	7.09	6.65	5.08	8.99
1992	7 551	13.41	10.21	7.82	6.99	6.42	5.86	4.90	8.11

注：1. 对象是民间企业供给的室内使用面积75平方米的中高层住宅。

2. 1992年为上半年的数据（速报值）。

2018年4月，出乎市场预期，中国央行宣布定向降准1个百分点。根据一季度末的数据估算，操作当日偿还MLF约9 000亿元，同时释放增量资金约4 000亿元。

部分经济学家认为，无论降准的目的是什么，这些资金一定会通过房贷、信用贷等各种方式进入楼市，降准对楼市的放水作用显而易见。房贷业务放松的直接影响，是购房者从银行更容易获得贷款，买房的难度降低，购房的需求得到释放，届时房价很可能会上涨。

我不同意这个观点。

这次定向将准的主因之一是，解决目前流动性太吃紧的状态。因为3月份，M2的增速为8.2%，创下了历史新低。再看社会融资额的增速，从 1 月的 11.2%继续大降至 10.5%，也创下历史新低。而考虑国债和地方债的更广义社会融资存量，增速也降至 12.5%左右的低位。

另一主因是，商业银行存款利率将放开上限自律约定，实际存款利率将大幅度上浮，降准显然是应对利息上升降低流动性的一种对冲手段。

未来房价是否还会上涨，取决于两点：一是金融杠杆，更关键在于对房价的预期。

如果这次降准使人们产生房价上涨的预期，那么流动的资金真有可能会间接地传导到房价上。不过，为防范资金变相进入楼市，对市场风险进行有效监管和化解，央行多次提出 2018 年要加强房地产金融宏观审慎管理，银监会强调要严控个人贷款违规流入楼市。

总之，我认为，"房住不炒"将会使得让房价渐回理性，这次降准不会对房价产生多大的影响。

22. 万科的"10 年 180 万元"真是"天价租赁房"吗?

2018 年 4 月,万科全自持的租赁住房项目"翡翠书院"公布出租方案,其中 90 平方米精装三居室月租金 1.5 万元,按照自持地块单次租期最长 10 年计算,需一次性付清 180 万元租金。

这则消息立刻引发热议。财经媒体及一些财经专家都表示,这简直是"天价租赁房",并将提高北京的房租水平。

不过接下来的新闻报道表明,万科翡翠书院,首批 72 套房源出租率高达 80%,意思是,这些"天价租赁房"一下就租出去八成,令人大跌眼镜。

不禁要问,那真是"天价租赁房"吗?

任何商品是贵还是便宜,都是相对而言的。翡翠书院位于北京市海淀区永丰路 18 号,只要做一下功课就会知道,该小区的房源的定位就不是一般的工薪阶层的租赁市场,而是以大企业的中高层为目标客户。那儿附近同等质量的房子,如果购买的话,差不多是 9 万元/平方米，90 平方米的房子就是 810 万元，再加上精装修的费用，就在 900 万元左右。如果再算上按揭的利息成本，这套房子的总成本要超过 1 500 万元。

这样一算的话，翡翠书院的租售比超过了 1 000 倍，换句话说，需要一千个月（超过 83 年）的房租才能买一套。更何况 10 年房租一笔付清，还不用担心涨房租……

仔细想一想，你还会觉得万科的翡翠书院"10 年 180 万元"是"天价租赁房"吗？

不过，话说回来，从"房住不炒""租售同权"角度而言，这类长租房的推出大方向是对的。但是，每月 1.5 万元的租金感觉像住商务酒店，普通百姓难以承担。希望以后能多推出适合普通百姓价位的长租房，才能真正有效地实现"房住不炒""租售同权"。

23. 美联储持续加息会刺破房地产泡沫吗？

有史可鉴，每次美联储进入加息周期（一般还会伴随着缩表），各国央行必然主动（或被动）地渐渐跟进，因为不跟进的话，资本将会大幅回流美国。而这样的话，对于房地产而言，借贷成本必然大幅上升。这对于有楼市泡沫的国家（或地区、城市）而言，就好似釜底抽薪，最近的一个例子就是几年前由次贷危机引发的美国金融海啸：随着利率不断上升，还贷额的不断增加，断供房导致法拍屋越来越多……同时，泡沫楼市的接棒者迅速减少，以致房价拐点来临，房产泡沫被刺破。

其实，在当今信用货币时代，"money is debt"，钱就是债。近年来，楼市具有泡沫的国家或地区的百姓家庭所增加的"财富"，就是建立在债务上的。

如近两年来被瑞信多次评为全球房价泡沫第一大的加拿大多伦多，在前十年间，两卧房公寓从 30 万加元飙升至 60 万加元。由于超低的房贷利率，人们自我感觉能买得起房了（还贷能力大幅增强），于是都向银行贷款，全然不管利率是不可能永远那么低的。他们根本不去想，目前市值 60 万加元的公寓，其中至少有 30 万加元，其实是靠债务（银行的借贷）堆积而来的。到未来利率回升时，他们很可能失去还贷能力，更可能入不敷出。

事实上，多伦多市的房价在 2018 年第一季度已经开始下跌。据加拿大多家大银行预测，随着美联储加息，加拿大央行必须跟进，房贷利息也随之上升，这将会导致到 2020 年，加拿大的房价至少下跌 30%。

这次美联储进入货币紧缩周期，预计最终会将基准利率提高至 4% 以上，并将 4.5 万亿美元负债规模，缩减至少 3 万亿美元。显然如此规模的加息和"缩表"，必将影响全球的金市、债市、股市，更主要是楼市，将会去泡沫化，将之前由债务堆出来的"财富"抹去。

不过，这是否也会影响到中国楼市呢？影响是肯定的，但如何影响就难以准确判断了。

第二部分

股市还能投吗？

24. 为什么我们散户买进的股票不涨反降，卖了就涨呢?

题中现象并非是个别现象，而是非常普遍的现象，以至于在现实中，许多股民感觉自己好似反向指标，股价因我而动，只是反向而行。

这里主要有两个原因:

一是信息极不对称。

股市中的信息，如关于经济状况、政府经济政策、上市公司业绩等，属于基本面信息，这类信息普通股民基本上和市场专家、金融机构等同步得知。而股市中其他人投资操作的具体信息、每日行情数据信息等属于技术面的信息，普通散户往往是滞后得知。

对于长线投资者而言，关注基本面即可。但对于股市炒作者而言，技术面信息尤其重要（好似博弈），因为市场上其他人操作的信息是股市短期波动背后的助因。

而遗憾的是，对于普通股民而言，技术面信息是极不对称的。也就是说，庄家能看到你的牌，而你却不能。

二是要"看到黑影就开枪"（Buy the Rumor, Sell the News）。

华尔街有句名言："Buy the Rumor, Sell the News"。意思是，金融市场就是一个预期心理的市场，而"Buy the Rumor, Sell the News"翻译成中国的俗语，就是"看到黑影就开枪"。

以黄金和美元汇率为例，道理和股市是一样的。2017年12月，美联储一如市场之前的预期又加息了。大家知道，美联储加息意味着借贷美元的成本提高，也就是说美元值钱了。那按说美联储加息，美元汇率应该上升，而同时黄金由美元定价，那相对而言，金价应该下跌。

但事实上，美联储加息之后，美元汇率不升反跌、金价不跌反升。

为什么呢？

很简单，这是因为美联储加息是之前市场的预期，因此，早在加息之前，这些预期已经反映到了美元汇率和黄金价格之上了，这就是所谓的"Buy the Rumor"，而且预期往往会被强化，也就是所谓的"超卖"；而当靴子真实地落地了，美联储真的加息了，市场又在美联储主席的发言中闻到了鸽派的味道，即未来的加息可能不会如预期那么猛。于是，"Sell the News"，预期反转，立刻变为"超买"。

炒股和炒作其他金融产品的道理也类似。

因为以上两大原因，散户在炒股时，往往一买就跌，一卖就涨。因此，对于散户而言，多投资，少投机，做价值投资才是上上之策。

25. 追涨杀跌是炒股的大忌吗？

首先要说的是，追涨杀跌是金融市场中（有时特指股市）的术语，是技术派操盘的一种方式，具体而言，就是在价格上涨的时候买入，在价格下跌的时候卖出。这种操作方式的初衷是，追涨之后，待涨得更多之后以更高的价格卖出获利；反之在杀跌之后，待跌到更低时再买回来，再待以后价格回升时卖出获利。

追涨杀跌的本意似乎合乎逻辑，但在炒股的现实中，按照这种方式操作的话，恰恰会形成散户炒股不是被深套就是屡买屡亏的普遍现象。

这样说吧，炒股，特别是以追涨杀跌方式来操盘的话，是一种典型的投机行为，而投机和投资是有本质区别的，这点可能是绝大多数散户股民没有意识到的。

建议普通散户，在进入股市之前，请先认清投资和投机的区别：

投资——基于价值的变动，投资的收益来自于投资物所产生的财富；

投机——基于价格的变动，投机的收益来自于另一个投机者的亏损。

在追涨杀跌之中，炒股者只是希望能够低买高卖，或高卖低买而获利，这就是最典型的投机行为。

谈到这里，我要明确地答复：追涨杀跌是炒股的大忌！

因为，如果投资的话，注重的是股票背后公司价值的变化，在意的是，财富的蛋糕是否在不断地做大，那样的话，每个投资人最终都能获利，显然投资的风险是可控的。但是，对于普通散户而言，由于市场信息极其不对称，追涨杀跌的风险是不可控的。显然投机的行为不在意财富蛋糕是否做大，只是财富蛋糕的再分配。因此，投机和赌徒的行为本质类似，结果多半就像赌徒总是输给赌场一样，散户多半会输给庄家！

所以，散户炒股切忌追涨杀跌！

26. 散户如何通过炒股成为大富豪？

在回答这个问题之前，首先自问：散户炒股能成为大富翁吗？

答曰：可能，但那就好似买彩票也有可能成为大富翁的概率一样，几乎为零！

那既然概率极低，那就没法正面回答了，谈一些基本原则吧。

首先，因为信息的极不对称，散户在股市中炒股真能赚到钱的，最多只有10%而已，更别说赚大钱发大财。

其次，金融市场中最基本的原则：高回报，高风险。

你想有高回报，就得承担高风险。散户若想成为大富翁的话，普通炒股显然是不行的，必须用杠杆，得用保证金账户，做期权、期货等。那这个风险是极大的！

在股市中，特别在中国股市中，常听到各种"段子"，其中有一个"段子"我印象非常深。大意是，有个散户非常"骄傲"

地说我成功地炒到一个亿，但后面那半句话是：在炒股之前，我有 10 个亿……

我给散户一个靠谱的在股市赚钱的方式吧：长线投资最优质的指数，如美股里的道指、标普 500。从有收入开始，就拿闲钱（这些资金三、五年内都不用的），不管有多少，每个月定投，坚持个几十年，一直到你觉得财务自由那天为止。

从历史来看，股市中的最优质指数，平均每年的回报能有非常稳定的 8% 到 10% 的涨幅。也就是说，本钱每七年到九年翻番，即被巴菲特形容为最伟大的发明（至少之一），这样长线投资如果 40 年的话，你们自个去算能赚多少钱吧。

其实，这也正是巴菲特价值投资的精髓："buy and hold"，即买入并持有就可以了，特别是买入优质指数做长线投资，一定是赚钱的。

总之，股市有风险，入市须谨慎！短线而言，从来没有稳赚不赔的炒股方法。如果真有这么一个方法，被大众都知道的话，岂不人人炒股，人人都赚钱了吗？这怎么可能呢?!

27. 有没有稳赢不亏的炒股方法？

从逻辑上就能推理出不可能有的！只有相对赚钱概率比较大的方式。

前文已分析过投资跟投机的区别。

如果炒股只是希望低买高卖低赚钱，那就只是投机行为，再加上短线炒股的话，对于散户来说，由于信息极不对称，只能是亏多赚少。

从中国的资本市场来看，最明显的转折点将是坚持不懈地严厉调控楼市。中国的资本市场多年来，楼市和股市好似跷跷板。一旦将房价永涨的预期打下去，楼市就会出现明显拐点。那时，就会又会有大量的资金涌入股市。

资本市场的重要性不用再多说了，而股市应该是分享经济发展成果相对最公平之处，更是财富分配最敏感的市场。

因此，我看好中国股市的未来。

不过，从散户的具体操作来看，投资指数并长期持有，是可以提高赚钱的概率的。

我建议买大蓝筹股，特别是有分红的大蓝筹股（按投资和投机的区别，只有买入有分红的股票，才可算投资行为）。

另外，炒股只能用闲钱，并且这个钱三、五年都不用的，买入之后就放着，别去看了。更别去研究什么炒股秘诀之类，如 K 线图。

总之，买入指数，长期持有，是相对靠谱的、可提高赚钱概率的方法。

28. 散户真的能在股市里赚到钱吗？

股市里当然有人真赚到钱，这样说吧，您亏的钱，就是被他人赚走了。

半年左右时间，A 股已经从 3 000 点升至 3 400 点。然而，在 3 400 点之际市场声音产生了分歧，争议也较多，看多、看空的声音都有，一时难以分辨。

炒股的散户总是喜欢谈到巴菲特，也热衷于模仿他的一些投资方法。比如，大家有时会按照巴菲特的方法，将总市值除以 GDP 的比值，按百分比的高低，来衡量股市处于高位还是低位。

但是他的方法对 A 股多半没有效果。

这是因为 A 股跟其他股市不太一样。A 股设立的初衷是为企业纾困，多年过去以后，这个初衷并没有特别大的变化和改善。所以我个人认为 A 股绝大多数的股票只能投机，不能投资。

我认为，对于绝大多数中国普通股民来说，巴菲特那套东西没有多大的用处。我也经常对一些炒股的亲戚朋友们说，"小炒怡情"，中国股市还算不上是一个投资的地方。

那么在既定的股市环境中，普通投资者尤其是散户，有没有什么适合的投资办法呢？

相对而言，上证 50 指数还是不错的。如果真正要进股市的话，就买大蓝筹股，在每一个行业中，只选头两家，最好是头一家，最差不要超过头三家。买指数，跟指数走，买了以后就不要去看它了。

像我的一些亲戚朋友，他们整天在手机上看个股、买个股。我说根本没有必要花那么多时间和精力，这样炒到最后一定是亏的。散户不是机构的对手，因为信息极不对称，你永远不知道机构是如何操作的。

我建议他们去买大蓝筹股，特别是有分红的大蓝筹股（按投资和投机的区别，只有买入有分红的股票，才可算投资行为）。

炒股只能用三、五年都不用的闲钱。可以拿其中一部分闲钱去买，能买到低价进入当然是最好的。K 线图也不必研究，"玩"那些的都是"天才"，很多都是哈佛、耶鲁等名校的博士。但事实是，连他们也都是输多赢少。

总之，长期来看，普通散户炒股赚钱的概率不到 10%。

29. 有两百万元本金炒股，是否可以不工作了？

一句话：如果您除了两百万元以外，没有其他的钱的话，即使您已经有了不用付贷款的房子，也不可以不工作！因为，即使在中国的中小城市，年收入至少得有五万元，才可能保证基本生活开支。

我之前已经提到，没有稳赢不亏的炒股方法！从逻辑上就能推理出不可能有的！

有史可鉴，股市中，炒股者 70% 亏钱，20% 持平（持平其实也是亏，浪费了时间），真赚钱的不过 10%，也就是说，短线炒股赚钱的比例不超过 10%。

在股市，特别是中国股市中，一般只有买入指数并长期持有，才可能赚钱。可是，买入指数并长期持有，和问题中提到的"炒股"显然是两个概念。

而对于短线的炒股而言，股市是一个零和市场（去掉交易费的，甚至是个负和市场），即有人赚钱就有人输钱。而当有钱有

"势"的大金融机构赚钱时，输钱的人是谁呢？只能是普通散户了。也就是说，在当今股市中，短线炒股赚钱的比例可能从 10% 降低到不超过 5%，更是极小概率事件了。

因此，有两百万元本金炒股，是不可以不工作的。如果您想试试看，那我担保您会经常吃了上顿没下顿……

30. 如何在 A 股市场进行投资？

从基本面来看，中国的资本市场前 20 多年来，主要体现为股市和楼市的此消彼长。而对于当下的资本市场，我仍持以前的判断：北、上、广、深以及一些准一线热点城市的房价会冰封，从而将热钱引到三、四、五线城市，达到去库存的效果。届时，三、四、五线城市房价飙升，但是人口流出大于流进的三、四、五线城市根本没有二手房市，去那里投资有接盘的可能……若楼市依然坚持不懈地严厉调控，再坚持调控一到两年，一旦将房价一直涨的预期打压下去，楼市就会出现明显拐点。那时，就又会有大量的资金涌入股市。这可能是"两三年内股市将会上涨"的预期基础吧。

不过，股市的价格，往往已经体现了对半年后，甚至一年后的预期。

事实上，2017 年下半年，A 股在 3 200 点到 3 400 点之间上下多次，之后再次突破 3 400 点后一路向上。

最后还是回到问题本身，给散户提些具体建议吧。

①我是巴菲特价值投资的拥趸，买入优质指数并持有是散户在中国股市中可能真能赚到钱的唯一基本原则。

②既然得买入并持有，那投资中国股市的时候，就只用至少三年，甚至五年内都不用的"闲钱"。

③买入优质指数（如上证50指数），或投资大蓝筹股。如果具体到某个行业的话，只选择排名靠前的两家。

总之，我看好中国股市的长线发展，投资指数、长期持有是唯一赚钱之道。

31. 做空是什么意思?

在财经新闻中，出现最多的一个词，可能就是"做空"了。不过，从很多读者的点评，甚至在很多媒体的文章中可以看出，许多人要么不明白"做空"是什么意思，要么理解得不够准确。

就拿大家比较熟悉的股市来举例吧：

一般炒股的人，大都希望低买高卖，这在华尔街就被称为"Buy Long"（买长）。看好哪家公司，买进（buy）它的股票，然后就希望能看着它不断上涨，待到"Sell Long"（卖出）后，买卖的价差就是所赚的（不考虑其他的费用）。

不过，如果有人对某家公司不看好，觉得它的股价太高了，过些日子应该会跌，这时，就可以"Sell Short"（卖短）来获利。

而卖短就是所谓的做空，在股市中具体是这样操作的：

①向你的股票经纪人借来那家公司的股票先"Sell Short"（卖掉）。

②等那支股票跌了之后，再"Cover Short"（买回来）还给

经纪人。

③股票价位的差价就是你做空所赚的。

上面是在股市中"做空"的一般方式，在其他金融市场中做空的方法类似：一般都必须先把你想做空的"东西"借到，并卖掉。然后等到那样"东西"的价格跌了之后，再在市场上买回来，并还回去。那"东西"前后的差价就是你做空所赚到的。

做空一般来说是合法的，但具体到某个金融市场还得注意当地的法律。如在德国，"裸做空"是被禁止的。也就是说，在德国，如果自己没有持有相应股票，甚至没有借到股票，就卖掉它，那是非法的。

另外，要特别注意，做空的风险是巨大的。

想一下，"买长"的风险是有限的，因为一个金融产品价位大不了跌到零。假设你用一万元炒股，即使股票跌到零元，也不过输掉一万元而已。而"卖短"做空就不一样了，因为一个金融产品的价格上涨，从理论上来说，可能是无限的。也就是说，当做空时，必须在一定期限内"Cover Short"（买回来），一旦你必须买回那个金融产品时，其价格奇高的话，你的损失也将难以估量！

最后，奉劝散户，做空比赌搏还凶险，"远离风险，远离做空"！

32. 为什么美国不禁止买空卖空等毫无生产力又影响金融市场秩序的行为？

　　财经新闻里常有报道，如"20 世纪索罗斯狙击英镑、泰铢……大举做空英镑，英镑对马克的比价一路狂跌，英国政府也因此乱了阵脚""大鳄索罗斯等国际对冲基金巨头携数千亿资产做空港股港币……"，给人很自然地感觉买空卖空只会影响金融市场的秩序。

　　其实不然，买空卖空的确有投机炒作的一面，可一纸两面，买空卖空也有发现市场真正价值，提高金融市场效率的作用。同时投资者可以用买空卖空来做保险，对冲他们投资标的的金融风险。

　　仅举一例，就拿近年来最火的比特币市场来说，当华尔街推出了期货市场，提供了做空机制之后，就多了一种参与投机的做空工具。这使得比特币成了一个能尽快发现真实价格的投机市场，从之前不断地几乎只涨不跌，或大涨小跌，成了价格反复上下的市场。

对于投资者而言，能够通过做空来对赌他之前的投资，好似保险；对于投机者而言，有了更多投机的机会。对于整体比特币市场，真实的价值如何，很容易就显现出来了。

可举一反三，触类旁通，这可能就是为何美国政府基本不禁止买空卖空的行为，这是让市场那只手来发挥作用。

33. 为什么老年人喜欢将钱存银行而不用钱炒股理财呢？

首先，我要指出的是，这里指的老年人，应该是退休了之后，手头只有一笔养老钱，没有其他收入的老年人。那他们把养老钱存银行没有什么不对。炒股绝对不适合老年人，风险太大了，老年人没有那个承受能力。而其他的理财方式，则要一一分析，有些所谓的理财产品，是有陷阱的。

其次，就着这个问题，为退休之后的老年人提出一些理财方式：

先要预定自己的期望寿命（有点残酷，但却是很必要的）。过去，期望寿命为70、80岁，现在人类的寿命越来越长，如今活到100岁，绝对不是梦想。

那么假设这位老人今年65岁，那这位老人可将暂时不用的钱的65%，放在绝对保本保息的金融产品上，如银行的定存、凭证式国债；其余的35%放在保本预期回报稍高的理财产品上。

随后的每一年，可将放入绝对保本保息的部分提高 1%，其余部分则相应递减。以此类推。

另外，如果实在有老人愿意投资股市，可在 80 岁前，从那"其余部分"，如在 65 岁时的 35% 中，抽出不到 10% 放入股市。从宏观层面来看，中国股市的整体市盈率还并不高，目前是平均 23 倍，沪深 300 是 15.8 倍，股市中分红也越来越多了，去年的分红为 1 万亿元以上。

虽然，中国的经济发展速度相比前几年，稍微减缓了一些，但依然是欧美的两三倍。同时，证监会对股市的监管力度，也比过去严厉，股市投资规模也日渐规范。

长期来看，中国的股市将会健康发展，不过对于绝大多数普通股民来说，特别是老年人，买入上证 50 指数，投资大蓝筹股，选择行业龙头进行投资是较好的投资方式。

总之，老年人喜欢将钱存银行没有什么不妥，若愿意炒股理财只需做少许策略性的调整即可。

34. 什么是资本市场？

资本市场是一种市场形式，而不是指一个物理地点，它是指所有在这个市场上交易的人、机构以及他们之间的关系。

资本市场是金融市场的一部分，它包括所有关系到提供和需求长期资本的机构和交易。长期资本包括公司的部分所有权，如股票、长期公债、长期公司债券、一年以上的大额可转让存单、不动产抵押贷款和金融衍生工具等，也包括集体投资基金等长期的贷款形式，但不包括商品期货。

以最多散户参与的资本市场——股市为例。股市就如合法的赌场一般，散户在其中炒股，长期而言，只有 10% 的胜算，也就是所谓的"7 亏 2 平 1 赢"，而那所谓的"2 平"，既浪费时间，又失去了本来存银行可获得的利息等，其实也是亏的。就短线而言，股价多半是可被操纵的。有效市场理论、技术分析、基本面等，都是华丽的说辞而已。股市就好似原始丛林，是胜者为王败者为寇的地方。

35. 奇虎 360 在美国退市，回中国上市背后的原因是什么？

　　只要简单地介绍一下美国股市的情况，就能知道为什么了：

　　美国股市实行的是 IPO 注册制，即公司想要公开发行股票证券，必须向美国证券交易委员会（U.S. Securities and Exchange Commission，简称 SEC，相当于中国的证监会）注册登记。

　　海外公司想在美国上市的话，也和美国当地公司一样，应提供与股票证券发行有关的一切信息，并保证其真实性。由美国 SEC 监管，确保提供的信息准确，如果有违反各项证券交易法律的行为的话，将面临民事诉讼。

　　不过，美国 SEC 并不对上市公司的盈利能力做出判断。

　　相对中国而言，在美国上市容易很多，同时，退市也很容易。15 年前，美国上市公司数量有近 8 000 家，目前降至近 4 000 家，退市的企业中就包括了很多像奇虎 360 这样的中国企业。

　　如 2012 年，由于存在虚假和误导性的信息，中国尚德太阳能电力有限公司在美国被起诉，因违反美国的《1933 年证券法》要旨："确保购买证券的买家，收到完整和准确的信息"，被重罚。

根据《1933 年证券法》的第 11 条，如果公司提供的信息中，有谎报和遗漏重大事实的话，投资者可以起诉在由公司提供的信息登记表上签名的所有人，如公司高管、主要承销商、税务律师，甚至审计师等。

另外，在美国的股市中，投资人受到《1934 年证券交易法》保护。这样的话，不那么优质的公司，在美国股市中圈钱是很难的！

事实上，从 2011 年 11 月底开始，中国股市就超越了美国股市，成为全球 IPO 发行总值最高的了。

总之，中国公司在美国除了将受到严厉的监管，一般的公司的"钱"景也并非那么好，还不如回国上市……

36. 股评家说得头头是道，他们为什么不去炒股赚钱？

我来谈谈当年我和几个"老"留学生在美国炒股的真实往事吧。听完这个故事，也就等于回答了这个问题。

20世纪90年代中期，我们毕业了，都找到了不错的工作。上班了，手头有点闲钱了。那时正是互联网起步之际，股市的新一轮牛市来临。财经媒体时刻宣扬彼时是千载难逢的投资良机，炒股发财的故事数不胜数。

我们也不断听到周围亲友炒股票赚钱的好消息。

小吴同学是我那几个好友之中第一个开始炒股的。那年，他瞒着老婆，拿着公司给的红包——五千美元冲进股市，可出师不利，第一支股票刚买不到三天，就差不多跌了三分之一，赶紧卖了，又换了几支股票，结果还是亏。半个月下来就把五千美元亏得差不多了，从此再也不敢炒股了。

小李同学是第二个开始炒股的。他说小吴炒股真是"盲人骑瞎马"，毫无章法，输钱是必然的。他买了几本炒股秘诀，弄懂了什么是股票 P/E 值、分红率、现金流等，还研究了基础分析法，跟我们说得头头是道。

刚开始真有用，炒股赚钱了，小李整天跟我们炫耀。可他渐渐地发现，这样选股炒股的收益，没比买债券、甚至银行定存的收益高多少，还得赔上那么多的时间，感觉得不偿失。

这时，小周同学发声了，他说我们散户炒股得研究技术分析，要分析技术图形。于是，小周依靠技术图形炒股，刚开始真赚了一些，但是，过了不久，也开始发现，技术图形也不是全部有用。

……

就这样，我周围几个同学一个接着一个冲进股市，但炒股的结果都是输多赢少。

一次我们聚会谈起炒股，老刘同学发言：好像你们炒股时都会看书，或听股评家什么的。但想一下，谁会把赚钱的秘密告诉你？真有秘诀，他们还不自己偷着乐？况且，有的股评家说不能追高杀低，但有的股评家又要设定止损点。这不自相矛盾吗？

说得对！那时我已经在华尔街混迹了两年多了，我总结道：告诉你们吧，只有华尔街才可能稳赚不赔，我们叫"Play OPM"（Play Other people money——即玩别人的钱）。你们看华尔街，牛市时可以说自己本事大，名正言顺地赚个账面利润的 10% 到 20%；熊市亏损时，就怪大市不好，3% 的管理费照收不误。

37. 盖茨卖掉42%的股份，通过投资赚取数百亿美元，却亏损数千亿美元？

有一个朋友圈流传的"段子"，说的是，如果比尔·盖茨当年不卖掉微软的股票，他现在的财产就远远不止900亿美元，而是2 900亿美元。

这真只能当个"段子"，一笑了之即可，不必当真。

首先，退一步来说，即使比尔·盖茨依然持有42%微软的股份，那能变现2 900亿美元吗？不可能！也许只抛售10%，微软的股价就崩盘了……

其次，如果比尔·盖茨当年要不是不断卖掉微软的股份，不断将股份作为期权股票（stock options）分给员工，刺激他们工作的积极性，微软能发展到今天吗？这是几乎所有高科技公司发展的必经之路，我曾任职一家准备上市的FinTech公司INEA，最初就分到了整个公司0.5%的期权股票。

最关键的是，只要稍有财经知识或经管常识的人就会知道，这个"段子"适合所有成功的高科技公司的创始人，如中国的互联网企业三巨头：马云只占了阿里巴巴约7%的股份、马化腾只占腾讯12%左右的股份、李彦宏夫妇也不过占百度20%左右的股份。要是按前面编"段子"的思路，他们的"故事"将更"震撼"。

这样说吧，要是他们守着股份不愿稀释的话，自己的公司就根本不可能成长到今天。

前段时间，当年中国电商先驱之一——当当网"卖身"海航，令人唏嘘。当当网落幕的原因很多，而创始人不愿让资本进来，肯定是原因之一。其他原因和此题无关，就不另赘述了。

所以，比尔·盖茨卖掉42%的股份太正常不过了，而所谓亏损数千亿美元之说，纯属无稽之谈。

38. 为什么美国上市公司都拼命达到华尔街各种预期？

原因很多，不过，主要原因是为了保持股价，维护股东的利益。

讲个故事吧。

多年前，和当时任职公司的 CEO 大卫晚餐聚会，带着酒意，我大胆地问大卫，你们 CEO 究竟干些什么呢。大卫可能也喝高了，他告诉我们：这本来是秘密，今天我告诉你们，讲个故事吧。有家公司新来了个 CEO。刚下台的 CEO 临走时，递给接班人三封编了号的信封说："别担心，如果今后你遇到解决不了的问题，按顺序打开这几个信封就行，记住，一次只能打开一个。"

只听大卫继续说道："开始的六个月一切顺利。但六个月之后销售业绩开始下滑，市场危言四起，股价也跟着下跌。这位新 CEO 感到了压力。就在他束手无策时，他想起了前任留下的信，便拉开抽屉，拿出了第一封信。他打开一看，里面只有一句话：'Blame your predecessor.'（责怪你的前任）。"

"于是，新 CEO 立刻召开记者招待会，巧妙地把目前销售业绩的下滑，归罪于前任留下的问题，他正在着手解决，销售额就会回升的。他的话得到了市场的认可，公司股价开始回升。

"又过了六个月，公司产品出现了不少问题，销售额还在继续下降，股票再一次大跌。这次，他迅速打开前任 CEO 的第二封信，只见纸片上写道：'Reorganize'（重组）。

"新 CEO 立刻对外宣布，公司将大幅度裁员 25%，重组部门。市场立刻有所反应，公司股票迅速反弹。

"又过了几个月，该公司实在撑不下去了。这位 CEO 关上办公室的门，打开了第三个信封：'Prepare three envelopes.'（准备三个信封吧）。"

大卫讲完了，大伙哈哈大笑，我最为佩服的是，大卫自我调侃的幽默感。

听了这个故事，大家也该间接知道美国上市公司都在拼命达到华尔街的各种预期了吧。

公司业绩没达到华尔街预期，股价就会下跌，股东首先就可能会把 CEO 赶下台了。除了 CEO 激励机制，一般上市公司的高管都会持有股票期权，那都是跟公司股价挂钩的。

小结一下，上市公司都要拼命达到华尔街的各种预期，主要原因是这样既符合股东们的利益，也使得 CEO 和高管们最大化自己的收益，当然员工也有好处，总之，会形成多方受益、皆大欢喜的局面。

39. 美国股市怎么只涨不跌？

事实上，美国股市并非只涨不跌。迄今为止，还没有一个股市，甚至任何一个金融市场是只涨不跌的。涨涨跌跌、跌跌涨涨是金融市场最基本的特性。美股只是近年来，整体一路向上，指数不断创下新高。这其中有诸多的原因：①美元依然处于超低利率，所谓"money is cheap"（美元便宜），股市自然吸引资本。②近一年多来，美元指数一路下滑，已然低至 90 的超低汇率，而美股是以美元计价，自然就显得股价高了。③随着美国大幅减税，美国跨国企业在海外的超 3.1 万亿美元的现金利润，将渐渐地回流美国，股市将是资本流入的主要市场。而预期推高股市非常正常。

上面只是简单分析了一下美股近年来不断上升的部分主因，当然还有其他因素，在这儿篇幅有限，就不一一尽述了。

总之，任何股市即使从整体的长线来看不断向上，但其中也会不断有下调的时候，美股也一样，一旦上述几点预期消失，美股也会回调。只是具体何时难以预测。

第三部分

比特币现在还能投吗？

40. 如果八年前花 10 万元买比特币，现在生活会发生什么变化？

不得不说，这是一个几乎不可能的"伪问题"！

首先，八年前是 2010 年，那时比特币才刚出来不久，绝大多数人根本连听都没听说过，怎么可能会买？

其次，假设那时你真买了 10 万元比特币的话，能守到今天吗？

①当比特币涨了几倍时，你能忍住不卖出获利吗？

②当比特币价格雪崩（八年来，比特币价格多次断崖式下跌），你能不止损吗？

③比特币就是一串密码，八年过去了，你还记得吗？多少人前几年买了比特币，不是忘记了密码，或将密码存在硬盘之中而丢失了，甚至被黑客盗走了。真能记住、守住的能有几人……

好吧，你真买了，而且守到了今天，那你就是亿万富翁了，祝贺了！显然，你的生活想怎么变就能怎么变了。

不过，谈到此，我不得不再次强调，比特币的价值为 0，其高价格是"忽悠"出来的，也就是说，是个包装精良的、华丽的庞氏骗局——任何一个泡沫金融产品，其本身没有价值，以早期的投机者赚到了很多钱为号召，吸引新的投机者不断地进来，不断地将泡沫吹大。

顺便提一下，比特币就是个 token，将其翻译成"币"或虚拟货币从一开始就不恰当。即使比特币背后有区块链技术，其价值仍有待考量。

最后要强调的是，其实多数的骗局参与者可能都知道这个道理，不过，都寄望于能在泡沫破灭之前全身而退，但是，真能发财的人肯定是极少数，最后的接盘者总是大多数！

41. 2018 年比特币会不会下降到 1 000 美元？

2016 年以来，由于价格曾经狂飙，比特币从 1 200 美元左右，一路上涨到破 2 万美元，至 2.1 万美元的高点，涨了 17 倍左右！可紧接着就掉头向下，断崖式下跌，一度跌至 6 千美元以下。随后又不断反弹、下跌、再反弹、再下跌，好似坐过山车一般……目前，比特币价格在 8 500 到 9 500 美元之间上下起伏，和最高点相比，已然被腰斩，下跌近 70%。

事实上，近来，比特币这个词已经渐渐地降温了。

首先，再次表述我反复强调过的观点：比特币是金融史上迄今最华丽、最大的骗局。

正巧，最近美国金融科技界传奇人物、前 PayPal 和 Intuit 的 CEO、"钢铁侠"马斯克的合伙人比尔·哈里斯也表示，比特币是一个巨大的"拉高出货"骗局，其规模之大前所未见。

哈里斯称：

①这一骗局的输家是那些信息不灵通的买家，陷入了贪婪的

漩涡之中。结果是大量财富从普通家庭转移到互联网推手手中。

②支持者声称比特币有价值的所有理由都是不值一驳的。比特币不是一种支付方式，其极端波动性使它几乎无法被任何地方所接受。

③作为一种价值存储也不受欢迎。最后，所谓比特币的感知价值仅仅是"大傻瓜理论"的一个例子。

④比特币只有一个合适的用途：犯罪！甚至连普通用户用比特币其实也是在藐视法律，避免为每一笔交易缴税。

总之，他说："我要实话实说，比特币就是一个骗局！"

正所谓英雄所见略同，凡长久关注我的朋友都知道，哈里斯这些观点和我之前对于比特币的观点完全一致！

至于 2018 年比特币会不会下降到 1 000 美元？暂时来看，还不会那么快，即 2018 年比特币跌破 1 000 美元是小概率事件，除非：

①官方数字货币取而代之，一旦各国央行也发行数字货币的话，比特币就没有存在价值了。

②类似脸书（Facebook）这样的社交巨头，凭借其巨大的用户规模与资源"暗中接管"比特币。

③虚拟代币的种类再继续增多，目前已经有 1 800 种各种类似比特币的虚拟代币了，再继续增多到一定数量级时，投入这个骗局中资金将会分流到其他的虚拟代币之中。

42. 比特币未来走势怎么样？比特币到底有没有价值？

比特币到底有没有价值？已然是金融界的常识了：无！

最近，多国政府、大金融集团、业界大咖相继表示：比特币没有价值，即零价值！查理芒格甚至说：要像躲瘟疫一样远离比特币！

不过，价值为零，不等于价格为零。围绕比特币价格的争议从未停止，经常陷入激烈动荡、多方交战的局面。

比特币的金融角度之前我已在回复其他问答时分析过了，这里就从技术角度分析比特币吧。

比特币的技术基础是区块链1.0，而区块链已然发展到了3.0了。莱特币算是1.5阶段，以太坊可算2.0阶段，从技术角度而言，都超过了比特币。

区块链2.0是智能合约时代，即所谓"全球计算机"。目前区块链3.0是所谓"信用社会时代"，现各国大央行、大金融集团，都在开发基于区块链3.0的数字货币、金融产品。

这样类比吧：区块链 1.0 就好似 20 世纪 90 年代时的互联网；区块链 2.0 好似 2000 年后的移动互联网，3.0 好似物联网……

事实上，支撑比特币的区块链技术初衷是希望通过消除中间环节，使得交易更加顺畅无阻，但按照目前的设计，比特币根本无法兑现这种期望。处理比特币交易所需的巨大计算能力正在造成结算延迟和大量电力消耗，有时还导致交易费用高企（比特币的均交易费用为 41.66 美元）。

也就是说，即使撇开金融角度，单从技术角度来看，比特币显然是过去式了。

而且，由于不到 1 000 人控制了 40% 的比特币，高盛和 FBI 又控制了超过 15% 的比特币。在这么小的圈子里，华尔街可以操控、炒作、操作，不断地唱空做多、唱多做空、唱多做多、做空唱空。未来，比特币价格估计会被"杀"到 1 万美元、甚至 5 千美元以下。然后再猛回升，吸引投机者，不断循环往复，直到把投机散户榨干……直到比特币的炒作价值消失殆尽……

结论，比特币的价值为零。而无论从金融角度还是技术角度，其都不足以支撑目前的价格。华尔街已经发现了比特币的炒作价值，未来，将会不断利用比特币收割投机散户。

43. 任何虚拟币明明都没有价值，但是为什么就是有人炒？

尽管好多经济学家（如诺奖经济学奖获得者保罗·克鲁格曼、罗伯特·席勒）、美联储前主席、巴菲特、索罗斯、查理·芒格及各大金融机构老总等都明确表示，以比特币为代表的虚拟币的价值为零，价格完全是虚高，是被炒上去的。可也有经济学家搬出哈耶克的货币非国家化来力撑，并以虚拟币将不会再有通货膨胀和紧缩的愿景来说事。

这点恰恰是最容易混淆视听的，有必要特别说明一下：

哈耶克所主张的"货币非国家化"，即允许私人发行竞争性的货币取代政府发行垄断货币，其实只是被他那个年代所局限的空想而已。因为现代社会早已进入了信用货币的时代，而任何私人机构的信用，都是不可能与政府的信用相竞争和抗衡的。

而以比特币为代表的虚拟币的拥趸借哈耶克的"货币非国家化"，指出只要有共识，就能构成货币的基础，那是将"共识"

和"信用"混淆，要么缺乏信用货币最起码的常识，要么是刻意为之。

其次，以比特币为代表的虚拟币，根本无法避免通货膨胀和紧缩，如比特币在过去六周里几乎贬值了50%。如果它是一种实际货币，那么相当于约10 000%的年通货膨胀率。

再次，虚拟币可以有无限多种（目前已经有近1 800种，而且还不断地如雨后春笋般地产生），连比特币自身都能不断地分叉。

最后，比特币还可能有"后门"，2 100万限额的原因只有中本聪知道，而迄今为止，大家连中本聪是谁都不知道。

谈到这里，就可回到问题本身了，为何虚拟币明明都没有价值，但就是有人炒？太明显了，庞氏骗局的心态，多数炒家都觉得自己不是最后那一个，只要在骗局破灭之前撤出就行了。

太阳底下早没新鲜事了，可人性千年不变，而且永远不吸取教训。这就是这个问题的答案。

44. 达沃斯经济论坛呼吁加强虚拟货币监管，比特币如何应对？

首先要再次强调的是：进入金融市场的比特币是有史以来最大的庞氏骗局。股神巴菲特在美国内布拉斯加州的雅虎财经访谈中，再次称"购买比特币不是投资"。另外，几乎所有财经金融界有识之士都表达过类似观点，可谓主流共识了。

而这些年来，比特币好似打不死的小强一般，价格甚至一度飙升到匪夷所思的地步。这恰是由于多数国家不像中国那样对其严厉监管，反而表现出暧昧的态度，缺乏监管所致。

因此，达沃斯经济论坛呼吁加强虚拟货币监管，对于比特币绝对是利空的。而一旦监管到位，比特币的末日就将来临了。

但是，我注意到，许多人对于指出金融泡沫的分析嗤之以鼻，甚至认为，只要泡沫不破，就没有泡沫了。

事实上，很多金融泡沫，甚至骗局，是能够持续非常非常久的，比如：

①金融史上第一个有文字记载的金融泡沫——荷兰郁金香狂热，前后延续了 27 年才破。

②300 年前著名的英国南海股票泡沫持续了 10 年之久，在泡沫破灭之前，甚至英国国王都参与其中，连伟大的科学家、当年掌管英国英镑铸币的牛顿老爵爷都亏了 2 万英镑（相当于现在的 1.5 亿英镑，合 13.23 亿人民币）。

③历史上涉案金融最大的庞氏骗局——麦道夫庞氏骗局，令"投资人"损失 600 多亿美元，从开始设计到 2008 年底破灭，持续了差不多半个世纪。而且，要不是因为金融海啸来临，这个骗局还能持续几年……

其实，道理非常简单。泡沫是不会一下子就消失的，如果泡沫一出现就马上破灭的话，那金融危机、金融海啸、经济危机，以致大萧条、大衰退从何而来呢？任何泡沫，都有一个产生—存在—破灭—消失的过程，这个过程短则几年，长则几十年。并且，泡沫持续越久，破灭时，对经济伤害越大、越惨烈……

45. ICO 被央行定性为非法集资，你怎么看？

最近一段时间，区块链和虚拟币的概念继续火爆，基于此的
ICO 也走进大众视野。ICO 是区块链的行业术语。投资者通过购
买具有市场价值的代币，从中获得项目的初始数字获币，并期待
通过项目发展获得回报。这一点类似于股市的 IPO。现在虚拟货
币市场极度混乱，鱼龙混杂，币值暴兴暴跌，争议非常大。我认
为，包括比特币在内，这个新兴的虚拟货币市场毫无价值，乃是
典型的庞氏骗局。其一，它要求不断有信徒入场推高价格；其
二，基于未来会有更多信徒加入的承诺，先入场者寄望于后来之
人在高位接盘。

所谓 ICO，也称首次公开募币，其以比特币为募集对象，项
目负责人通过向不特定的投资者发行加密代币，以为项目融资。
随着美容、社交、白酒、竞技等"奇葩" ICO 项目的野蛮生长，
作为虚拟货币代表的比特币也迎来飙涨。2017 年 4 月，比特币自
6 000 元开始一路高走，仅 8 月份，已 9 次刷新最高价，涨到了

30 299.99元。

区块链早在十年前就有了。

从根本上说，ICO 的火热离不开比特币等虚拟货币的支撑。暂且不论 ICO 市场如何，即便是作为募集对象的比特币等虚拟货币也被诟病已久。

以比特币为例，由于交易平台的不确定性、交割波动大等特点，其更加容易被非法利用，诸如走私、贩毒、涉黄、洗钱、非法转移资产等丑闻不断。国际支付应用软件 TransferWise 的 CEO 辛里克斯直言"比特币已死"，甚至连比特币的核心开发团队成员麦克·赫恩也表示："除了那些非法交易，现在几乎没有人使用比特币，没有了正常的商品交易，这已然彻底背离了比特币的原始初衷。"

尽管如此，部分比特币炒家靠比特币发财致富的故事，却依旧使投资者激情澎湃。打着虚拟货币与区块链技术的名头，他们一次次向公众"证明"——比特币是稀缺的，价值甚至超过黄金。

然而，果真如此吗？

比特币之所以能被炒作成稀缺，少不了底层技术的包装——区块链。所谓区块链，实际是一种通过点对点实现的电子货币账本系统。数字经济之父唐·塔斯考特对此的描述是"它基本上实现了全球性的试算表，这种不会腐蚀的可编程数字总账不仅可以记录金融交易，几乎可以为人类记录一切有价值的东西。"便难怪有人称其为"下一代的互联网"了。

不过，市场似乎把区块链包装过头了。区块链早在 10 年前就有了，如今只是通过比特币传播开来而已。迄今为止，类似比特币的，以区块链为基础的 CryptoCurrency（数字加密货币）已有上千种，政府、大财团、大银行也都在开发类似的 CryptoCurrency，甚至中国央行也将推出人民币的 CryptoCurrency。

这便涉及对比特币的认知症结。

量子计算机出来，虚拟币会泛滥成灾。

对于大多数比特币追捧者，他们认为比特币是结束法定货币时代的信号。然而，虚拟货币与货币的虚拟化是不同的，而比特币只是虚拟货币。由于没有国家会甘愿放弃"铸币权"，因此无论何时，比特币几乎不可能成为真正的货币。即便是比特币粉丝们所信奉的奥地利经济学家米塞斯和哈耶克的继承者，都明确表示：比特币不是货币。

事实上，所有虚拟货币，不管技术被吹嘘得多先进，数量多有限，他们的净资产价值却都是零，其价格仅由交易者决定。某种程度上，虚拟货币甚至不如曾经的郁金香，郁金香至少有实物，虚拟货币却什么都没有。从技术角度而言，一旦量子计算机出来，"比特币"及各种现存虚拟币，都将在一分钟之内泛滥成灾。

另一个可供参见的指标是，华尔街最近正大肆在媒体唱多比特币。依照笔者曾在华尔街的任职经验看，华尔街向来是通过做空唱多，以便高卖，就像几年前唱多黄金5 000美元、甚至10 000美元，他们的声音恰恰可能是反向指标。

因此，作为投资品的"比特币"实则存在巨大泡沫。从本质上说，比特币炒作的重头在于散户接盘。比特币借着"区块链"等精美包装，进入金融市场，散户不明就里为市场送去了钱，而站在金字塔顶端的人则成了巨富。一旦泡沫破灭，一切虚拟货币都会回归其原本价值——零。

博傻游戏，具有庞氏骗局的全部特征。

作为募集对象的代币都是如此，遑论包装过后的ICO呢？

由此看来，"区块链+虚拟币+ICO"就是一个融合了众多金融手法的华丽骗局，拥有庞氏骗局的全部特征。

正如《新京报》的报道，某参与ICO项目的投资者称，现阶段ICO就是博傻游戏，大家都知道很多项目没有价值，或者说就是圈钱的，但只要这种代币能够到交易所交易，ICO的投资者就能通过炒作赚钱。

400多年以来，一个个金融泡沫，在破灭前几乎全被包装打点过。尽管每一次都会承诺"这次不一样了"，但结局却无一例外，这次又会如何？当然，比特币等虚拟货币本身不是骗局，就像郁金香本身不是泡沫。不过，缺乏政府背书的虚拟货币，却可能和当年的郁金香一样，成为金融骗局的工具。

　　然而，正如当年在郁金香泡沫破灭后的废墟上，萌发了现代金融的幼苗。笔者认为，在"区块链+虚拟币+ICO"的一地鸡毛之后，政府背书的货币数字化将成大势。只不过，再美好的未来，也只能在一地的鸡毛被清理过后，才能实现。

46. 全球最大期货交易所将推出比特币期货，你怎么看？

2017 年 11 月，比特币价格不断创下新高，速度之快，令人咂舌。原因很多，除了本来的基本面不变，有两个主因是很明显的：

①许多国家对 ICO 的打压，如中国、越南、俄罗斯、印度等。这使得之前准备投入其他虚拟代币 ICO 的资金，大多转而流入了比特币，间接推高了比特币的价格。

②芝加哥商品交易所（CME）宣布，将从 2017 年第四季度开始推出比特币期货，正等待监管审核。CME 是全球最古老的期权期货交易，并且是最有活力的，向来对于开创新的期货品种合约不遗余力，这消息是 2017 年底比特币价格疯涨的直接助力。

而期货市场的本质，就是投机市场，可做各种投机操作，如做空、加杠杆、保证金交易等衍生操作。即比特币期货也就是意味着它为比特币投机提供了各种衍生品交易。

那样的话，就像当年一万亿美元的次贷，能打包成二万亿美元的次债，并通过 CDS、CDO 等衍生产品，泛滥膨胀成 65 万亿美元的金融市场！也就是说，通过期货投机平台，比特币的总市值未来可能达到几万亿美元！

但是，回顾历史，每当华尔街的创新者们开始打包一些他们不知底细的产品，并给其贴上衍生品的标签时，就会发现之后的金融危机多半与此相关。特别是与上次由次贷危机引发的金融海啸对应时，令人不寒而栗！

其实我质疑的并非比特币本身，恰恰相反，比特币促进了当今技术热点区块链技术的发展和推广。我所反复警示的是：比特币以及其他虚拟代币，很可能被当成工具非法利用，危及金融体系！

事实上，这早已可见端倪。随着比特币进入期货市场，比特币价格越高，即将触发金融危机的时候就将越来越近了！

时至今日，还不断有人问我："比特币还能买入吗？"

如果您是投机赌徒，当然可以买，尽管买，还可能会涨，涨到 5 万美元甚至 10 万美元都有可能，就像当年一朵郁金香可换一座城堡一样。但对于真正的投资者而言，还是敬而远之吧！

比特币成不了货币，本来还有可能被纳入法币体系。但现在这样的走势，恰恰与其原始初衷渐行渐远……这必将刺激各国监管部门进行严厉监管。

47. 比特币期货上市了，你是看多还是看空？

我见证了芝加哥商品交易所的比特币首秀，开盘就暴涨 20%。

在比特币期货刚决定上线时，绝大多数业内专家是看空的，这是非常自然的。如 CNBC 曾对 44 位华尔街经济学家、基金经理和策略师调查，其中超过 80% 认为比特币具有泡沫。也就是说，对绝大多数业内专家而言，比特币期货上线交易，只是多了一种参与投机的做空工具。

但这并不等于比特币期货一上线，就会有人开始做空比特币，因为，很少有人会逆势而为，最近比特币上升势头太强劲了。从大趋势来看，比特币依然处于上升期。我之前就判断，比特币涨到 5 万美元、10 万美元，甚至 20 万美元都是有可能的。当下做空，无异于以卵击石。即使做空也得等到"收割"之时（"歼灭"大批做多者）。

要知道，比特币期货与其他期货有很多不同：

①比特币期货的赢家不会拿到比特币，而只能用现金交易结算。

②因为多数比特币集中在一小群人的手上，因此，定价权也非常模糊，大起大落将是常态。

③由第②点可见，在一般的期货市场，交易量应该非常活跃，但比特币的交易量（至少在目前看来）极其微小，因此，缺乏做空单子，其价格将还会上涨。

④做市商是谁？是高频交易商吗？

⑤波动性问题。比特币具有极端的价格波动性。

由上述 5 点可以判断，由于没那么多比特币实物，也不知道谁来充当做市商，在短期内，期货反而会使比特币上涨。

但是，成也萧何、败也萧何，当下比特币看似多头一边倒，看上去似乎情况很好。然而，凡是有做期货经验的人都知道，在没有空头的市场里，未来某个时刻，更容易出现断崖式暴跌。比如：2018 年前的暴跌，比特币价格和最高点相比几近腰斩，已然显示了这一点。不过，虽然目前比特币上涨乏力，在上述 5 点的基础上，其价格依然会报复性反弹，再吸引投资，就这样不断循环往复，直到把投机散户榨干……

比特币期货上市了，说明华尔街发现了比特币的炒作价值，未来，无论多空，都将收割比特币投机散户。

48. 美国纳斯达克交易所将推出比特币期货，对比特币是利好还是利空？

在美国商品期货交易委员会（CFTC）批准芝加哥商品交易所（CME）的比特币期货申请期间，我接受了《证券时报》的相关采访，对于这个问题我提出："比特币期货上线交易，对华尔街而言，只是多了一种参与投机的做空工具，利用比特币暴涨，吸引更多普通投机者进场，这似乎更像是一场精心布置的局，应该要警惕背后的风险。"

之后，芝加哥期权交易所（CBOE）开通了比特币期货，我在接受财经媒体采访时指出，这说明了比特币非但没有进入主流投资市场，反而是进入了一个大型的处处布局的投机市场。

事实胜于雄辩。旧金山联储发布的文件指出，比特币在2017年12月达到峰值，即近2万美元。此时正是芝加哥商品交易所引入比特币期货交易的时间。之后比特币一路下滑并不是巧合，这和历史规律是吻合的。比特币遭遇滑铁卢和期货推出有直接的关系。可见，利好还是利空不言而喻。

49. 虚拟币市场全面关停，比特币瞬间暴跌 20%，你怎么看？

现在依然有很多人将比特币、其他虚拟代币、数字货币、区块链技术以及 ICO 等混为一谈。

这就好似将郁金香、郁金香狂热和郁金香泡沫破灭之后发展起来的期货市场混为一谈一样！

另外，作为商品，比特币市场和外汇市场、黄金市场一样，都属于投机市场——但凡只能靠价差获利的，都是投机市场！

再次强调："区块链+虚拟币+ICO"是被人包装起来的，是有史以来最华丽的骗局，它终将破灭！

幸亏监管部门及时出手，否则将酿成比"泛亚骗局事件+e租宝事件+善心汇传销案"之和还大的惨剧！最后接盘的人结局惨淡。

我早在 2012 年就指出，比特币长期来看没戏！非常简单：

①区块链只是技术，比特币只是区块链技术的一种应用，而

区块链技术可产生无限种应用。

②因此，比特币虽然有上限，但会产生无限的类比特币（迄今已有上千种了），也会有通货膨胀，而且由于没有政府背书，通货膨胀更无上限。

③其价值只能靠个人的信任维持，但是，大众往往喜欢跟风，更容易恐慌，加上虚拟货币的无限通货膨胀的特性，一天之内价值翻十倍或者跌十倍，都会是常态。

④饭店门口岂容摆粥摊，各国的精英毕竟不是短视的投机赌徒，比特币挑战所有主权国的金融主权，定会被打压！

时至今日，还有比特币拥趸说："专家说法与事实完全不符，我已经从比特币上赚了……"这种说法简直好笑之极！请问，哪位专家说过比特币的价格不会涨跌?！而任何一个东西，只要有价格波动，玩家就会有输赢。而且在投机市场中，因只能靠价差获利，赚到的钱是从哪来的? 不就是从输家那儿来的吗?！也就是说，就在你赚到一万元时，就会有人同时输掉一万元！

现在所有关于比特币的问题中，有两点是最容易被大众混淆的：

一是将区块链和比特币混为一谈。

事实上，区块链只是一种技术，Stuart Haber 和 W. Scott Stornetta 早在 1991 年就提出了区块链概念，比特币只是区块链技术的一种应用，而区块链技术可产生无限种应用。这样说吧，区块链就像一个母鸡，可以生出无数个蛋，而比特币只是它生出的第一个蛋而已。

二是将比特币（以及所有没有政府背书的虚拟代币）和数字货币混为一谈。

在政府背书之下发展的数字货币将是未来的大趋势，而所有没有政府背书的虚拟代币，最多只是商品，是不可能成为货币的。也就是说，虚拟代币不是货币，只有政府背书的虚拟币，才能成为真正的数字货币，这是未来的大趋势。

看来，货币科普真是刻不容缓啊。

50. 比特币会代替黄金成为避险资产吗？

答案就两个字：不会！

黄金之所以能成为避险资产，简而言之，是由于黄金曾是货币，或为货币背过书，以及人类几千年来，将黄金作为财富而产生的"黄金情结"所致。因此，即使当下是信用法币时代，黄金早就和货币脱钩了，可各国央行依然筹备黄金（除了美联储，早已清空了黄金，因为美元早就不用黄金背书了）。

而比特币，以 2017 年 12 月的大跌为例。12 月 23 日，比特币突然高位跳水，原因众说纷纭，有黑客说、币界大佬清空比特币说、各国对比特币的警示说。

这些都是原因，不过，最关键的原因是华尔街开通了比特币期货交易，催化了这些原因。

本来，比特币的价格就由一小群人操纵（超过 40% 的比特币掌握在不到 1 000 人的小圈子里，70% 到 80% 的比特币掌握在美国人手中……），经过不断地对敲，使得比特币价格不断上涨。

再加上现在有了期货交易，提供了做空机制，过去只能做多比特币才能赚钱，现在做空也能赚钱，华尔街完全可以自如操控了，单高盛就拥有13%比特币，何来成为避险资产之说！

反复警示，比特币最后的崩盘是必然的。这是其"基因"所致。

总之，避险资产的基本特点，是跟其他主要资产对冲，一般呈负相关。而从比特币的基因来看，其无法代替黄金成为避险资产！

51. 如果比特币经济继续扩张，衍生产品越来越多，其波动性会逐渐消退吗？

我在前文已经回答过，比特币非但没有进入主流投资市场，反而进入了一个大型的处处布局的投机市场。

其实，现货市场主要是为投资者创造的，而期货等金融衍生品市场更像是为投机者设立的。期货市场从来就不是投资市场，期货市场本身的目的就是让做投机的和做保险的进行对赌，是一个投机市场。

因此，随着以比特币为代表的虚拟币的继续扩张，衍生品越来越多，其整体市场的波动性非但不会逐渐消退，反而会愈演愈烈。只要回顾一下十年前的次贷危机的来龙去脉，就能判断了。

总之，随着纳斯达克交易所推出比特币期货交易，其波动性将会越来越大，以比特币为代表的虚拟币市场，将进入（事实上已经进入了）涨少跌多的局面，不断收割散户……

52. 比特币交易取缔后，怎么看待比特币未来？

我在 2008 年底从华尔街第一线转入金融市场监管机构工作，因此，我几乎从比特币诞生的第一天就开始关注，并不断研究，并从 2012 年开始，不断地撰文分析比特币。

由于之前在中国市场交易的比特币占了全球交易市场的 80% 到 90%，所以，在中国宣布取缔比特币交易后，投机者普遍认为比特币的价格会大跌，市场会迅速缩小。但是，之后比特币的表现令人跌破眼镜，一开始的确大跌，可不久就大幅回升，屡创新高。这又使得不少人觉得比特币前途将会一片光明。

我不同意，并依然坚持之前的观点。

这里先引述近期几位华尔街权威人士对比特币的态度吧。

华尔街最大投行高盛 CEO 劳尔德·贝兰克梵：我不爱比特币，它是泡沫，令我不安！

摩根大通 CEO 杰米·戴蒙：比特币是一场比郁金香泡沫还要糟糕的"骗局"。

贝莱德 CEO 拉瑞·芬克：比特币为"洗钱指数"，即成了洗钱犯罪的工具。

其他大金融机构对比特币的态度和华尔街主流观点类似。

前欧洲央行行长特里谢：以比特币为代表的虚拟代币的危险性，要远大于其功能性。

法兴银行 CEO 吴棣言（Frederic Oudea）：比特币因为匿名性没有未来，随着各国政府竞相出台限制措施，比特币和其他虚拟代币不太可能长期生存下去。

曾因准确预测 2008 年金融危机而获得"末日博士"称号的纽约大学斯特恩商学院的经济学教授努里埃尔·鲁比尼谈到，比特币为"巨大的投机泡沫"，必将被封杀。他指出："比特币背后更多的是罪犯，因为他们交易的是阴暗的生意。我认为越来越多的国家将会像中国那样，将虚拟代币交易认定为不合法，执行新规定，这就是它的结局。"

这和我反复表达的观点完全一致，真可谓英雄所见略同。事实上，在中国关闭比特币交易所后，越来越多的国家正在跟进。现在最支持比特币的大国是日本和美国，不过，美国财政部、国税局已开始打击比特币的非法使用。

总之，所有的政府和监管机构都在关注反洗钱、反逃税和反恐怖主义融资的问题。因此，如果比特币不被纳入法币体系的话，是没有未来的！

顺便提一下，量子计算将在 10 年内破解比特币的加密私钥，而对抗量子计算，保护加密代币私钥或成为当下各个区块链技术团队的攻坚难题。

　　所以，比特币没有光明的未来！

53. 有没发现今年的比特币越来越往庞氏骗局方向发展了？

早在 2013 年，我就明确地指出，比特币本身是中性的，不过，进入了金融市场之后，它便可能成为庞氏骗局的工具。而近一年来，比特币价格 10 倍的飙升，恰恰凸现了比特币市场的庞氏骗局特征。

我对这个问题的答复是：是的！今年的比特币是越来越往庞氏骗局方向发展了！

庞氏骗局这个术语的来源我就不另赘述了。最简单的形容就是"金字塔游戏"，也就是说，后进入这个游戏的人的钱，不断地被放入早期进入这个游戏的人的口袋。而价格的飙升，不断地诱导着后来者飞蛾扑火般地蜂拥而入，而后来者更渴望其后的"后来者"不断地进入，资金永远不断地流入，将这个金字塔搭建得越来越高……

主流经济学界已然达成了共识，比特币本身无价值，如果说它作为支付手段而价格飙升是合理的话，那 PayPal、支付宝、ApplyPay、微信支付，甚至支票的价格都该飙升了。进入金融市场的比特币价格的飙升，只是拥趸们相信比特币价格将不断上涨。

也就是说，以比特币为代表的，所有没有政府背书的虚拟代币，除了人们愿意支付的价格之外几乎毫无价值。

比特币本来的作用之一类似支票，即作为支付手段。但事实上，现在合法使用的人少之又少，绝大多数都是做非法之用！

与近代金融史上第一个超级泡沫"郁金香狂热"类似，比特币的价格上涨来源于越来越多投机者的进入，而比特币的投机者需要用法币（如美元、英镑、欧元）按市价买入比特币，这样就会推高比特币价格，待到想变现比特币时，又必须有新进的投机者愿意接盘购买。于是，随着比特币的拥趸不断地壮大，比特币价格便会不断地上升……这是一场典型的金字塔骗局——庞氏骗局。

54. 加密货币、代币是否可靠？

据美国全国广播公司财经频道报道，因曾经成功预测了2008年经济危机而得名"末日博士"的鲁比尼（Roubini）在接受专访时称，就金融领域而言，区块链毫无效率，它永远无法发挥作用。他形容区块链让人们进入"摩登原始人"世界，回到以物易物的时代。

对于数字支付趋势，鲁比尼表示认同："我对这种破坏式创新，持肯定态度，但这与区块链、加密货币无关。"

鲁比尼称："现实是这个行业不能自我规范……"他说："他们是庞氏骗局，如果你想自我调节，就会停止这种行为，但你对此无能为力。"

鲁比尼以其反加密货币而闻名，并在最近的一篇名为区块链的专栏中称其为"有史以来最为过分的技术之一"。

他还称，"为了换取你手中的美元、英镑、欧元及其他货币，ICO会发行数字'代币'或'硬币'，但这些'币'可能无法在未来被用于购买某些特定的商品或服务。"

这位经济学家表示，初始代币的币产品或 ICO 大多是骗局。

他指出，ICO 咨询公司 Satis 集团的数据显示，目前区块链项目当中，81%的 ICO 项目都是骗局，而只有 8%的加密货币最终能在交易所交易，这意味着另外 92%都是失败的。

55. 假如比特币真的成为一种世界通用货币，世界会怎么样？

　　首先，引用一个网上流传的故事，某公司年会抽奖，一员工中了大奖——10个比特币，上台致谢："感谢公司愿意把价值63万元的比特币作为奖品发给员工；其次，我觉得我非常幸运能够抽到大奖，拿下这59万元；我觉得我得好好规划下怎么花这57万元；毕竟55万元不是一个小数目……"这位员工一边看着大屏幕上比特币的即时价格，一边断断续续地说着。

　　故事虽然用了夸张的手法，但从某种程度上也体现了比特币的价格跌荡起伏的特性。其涨跌幅度每小时在5%、每天在10%左右，这要放在其他金融市场可能会涨停或跌停，但对比特币来说就太稀松平常了。

　　单是这点就可以想象，如果比特币真的成为一种通用货币的话，这个世界的秩序将混乱不堪！

　　更别说其他方面，如全球比特币高度集中，据统计，美国人掌握了80%的比特币。另根据比特币市场的地址的调查，1%的地址控制了全球一半的市场，4%的地址控制了全球95%的比特币。

想一下，这样的东西可能成为世界通用货币吗？

事实上，绝大多数比特币掌握在极小人群的手中，也就是说，这是一个由庄家控制的小盘。比特币已成华尔街最佳收割利润的工具。

与之相比，投资楼市一般得等待15年到20年（甚至更久），才可能获利。投资股市得等待5年到10年，才会获利。投资商品市场，如黄金，虽然也有波动，可幅度不大，而且一进入熊市就会持续十几年之久（如20世纪80年代一直到21世纪之初的漫长熊市；如这次股市已经经过五年熊市，并将继续处于漫漫熊市之中……）。

所以，比特币不可能成为一种世界通用货币。它已经成了华尔街最佳的炒作工具。

第四部分

黄金现在还能买吗？

56. 黄金有什么价值?

价值一:即将发生战乱时,经济萧条,钱不值钱了,黄金作为人类千年以来的所谓"天然货币",自然就值钱——有价值。

价值二:金融危机、经济危机爆发之前,因为各国央行要加大黄金储备,以备不时之需,也就是说,黄金有保险的价值。

以上两点其实就是在货币宽松时,特别在美元宽松周期时黄金的价值。因为黄金是由美元定价的,所以,美元宽松了,相对而言,金价就会上涨。即货币紧缩时,黄金的对冲价值就显现了。

而目前是在美元紧缩周期时,美元汇率上升,相对而言,金价就会下跌。事实上,金价已经处于熊市五年了,随着美联储进入加息和缩表周期,美元汇率将会上涨5%到10%,也就是说,在没有其他对冲金价的情况下,黄金将依然处在漫漫熊市之中,黄金的价值无法体现。

总之,经济好时,金价下跌,反之上涨。战乱之时,黄金价值即刻体现。

57. 黄金值得投资吗？

随着美联储将进一步加息和缩表，全球央行将不得不跟进。在这种货币紧缩周期的经济形势下，显然是不适合投资黄金的。

别说现在黄金处于熊市之中，显然无法保值。即便黄金进入牛市，从长线来看，都不会保值、升值。巴菲特在股东大会上提到："如果你在基督时代买过黄金，并且使用复合利率计算，（现在）也只有百分之零点几（的涨幅）。"这和巴菲特之前反复强调的相同：黄金不能保值。我也多次表达类似观点：长线来看，黄金无法保值、增值，别说目前的熊市，哪怕牛市时期也一样。

黄金能保值升值的印象，来源于 2000 年之后，特别是 2008年金融海啸之后金价的飙升。这给了人们黄金能够保值升值的错觉。不过，事实胜于雄辩。以下是相关历史数据：

①从 20 世纪 80 年代到 2000 年，足足有 20 年的时间，黄金没有大涨过。考虑到通货膨胀因素，再考虑到 20 世纪 90 年代美国股市的繁荣，在很长一段时间，黄金实际上是在贬值。

②根据沃顿商学院教授、美联储和华尔街优秀投资机构的顾问杰里米·西格尔的分析，从1801年至今的200多年中，投资黄金的1美元仅变成1.4美元。也就是说，随着金价的上下波动，投资黄金200年的实际年收益率近乎为零。

③这也就是巴菲特对于投资黄金观点的理论依据：如果你在基督时代买过黄金，并且使用复合利率计算，也只有百分之零点几，而通货膨胀率是平均2%左右。

所以，无论何时黄金的"保值"属性都是经不起推敲的，都不值得投资，更别说在当下的漫漫熊市之中了……

58. 黄金价格一般什么时候会涨?

有人说:"一打仗就知道黄金的重要性了",说这话的人看好黄金。但这也是炒黄金者的悲哀!由于炒黄金者普遍将黄金作为"避险品",所以,一般来说经济越不好,金价越高。所以,相对于当下流行的正能量来说,炒黄金者充满了负能量,大家只要稍加注意就会发现……

其实,上面那段话,已经回答了问题。进一步说,黄金价格一般在下面两种情况下肯定会涨:

一是即将发生战乱时;二是金融危机、经济危机期间,如大萧条时。

但是,在以上两种状况下,政府往往会没收百姓手中的黄金,如当年美国大萧条、韩国经济危机时……

总之,回顾历史便可得知,金价走势与经济荣衰恰好是反相关。

59. 通过支付宝"蚂蚁财富"买的黄金能否提取现货?

通过支付宝的"蚂蚁财富"买的黄金是一种黄金 ETF 基金(Exchange Traded Fund)。黄金 ETF 基金是一种以黄金为基础资产,追踪现货黄金价格波动的金融衍生产品,可以在证券市场交易。和所谓的"纸黄金"（个人凭证式黄金）类似,交易的是"虚拟"黄金。区别是,黄金 ETF 基金从理论上来说是能够申请赎回,即可以提取实物黄金。

但是,大家需要注意的是,黄金不是投资品,它是华尔街最佳投机炒作工具之一。国内仍有财经专家建议百姓投资黄金,并发明了所谓"人民币黄金"的说法。专家的想法也许是:由于这些年来,人民币的供应量激增,人民币相对美元一定会大幅贬值,因此,黄金相对于人民币而言,还是能保值,甚至增值的。

但这个观点我不认同!

第一,由于人民币在资本项目之下还不能自由兑换,人民币兑美元的汇率由中国央行决定。在这道防火墙之前，任何做空人民币的企图无疑是以卵击石。

第二，从 2005 年至今，汇改十年有余，人民币汇率已经基本上实现了市场化运作，在海外已经是一种进场交易的货币。特别是人民币已经正式加入国际货币基金组织（IMF）的特别提款权（SDR）货币篮子，成为继美元、欧元、日元和英镑之后的又一个国际储备货币。这标志着人民币国际化道路有了雏形，以及汇改机制已经相对成熟，人民币不存在大幅贬值的基础。这的确是客观现实。

第三，随着美联储进入升息加缩表周期，周小川曾经明确表态，宽松货币政策已到达周期的尾部，中国的货币政策也必须转向紧缩。显然，别说经济面向好，哪怕经济面在底部持续几年，人民币兑美元都没有可能大幅贬值，甚至存在升值的可能性。

因此，由于黄金由美元定价，国际黄金是一个统一的市场，只要人民币不大幅贬值，就不存在所谓的"人民币黄金"。

那么几年前抢金的"中国大妈"何时能解套呢？

2013 年金价的最低点出现在 4 月 16 日，1 321 美元/盎司，大妈们普遍是从 4 月 12 日开始抄底，抢金高潮出现在 4 月 13 日、14 日两天，这也意味着大妈们建仓的成本普遍 1 335 美元左右。而买入和回购所需的手续费正好能和人民币这几年兑美元的贬值相抵。考虑到这四年来的通货膨胀率至少在 6% 以上，那么当年抢金的"中国大妈"手中的黄金要达到保值,至少得等到金价升至1 685美元/盎司以上。那要想保值就不是一步之遥的事了,而是需要很长很长的时间……

最后再提一下,有些人提到"乱世藏金"。事实上,第一,"乱世藏金"的金是指黄金实物,而现在所谓买黄金,其实绝大多数是买黄金期货,而那些号称买卖黄金现货的平台,一般都是非法的。第二,真到乱世黄金也没用的,多半会被政府没收,看一下历史就知道了,美国、韩国都没收过黄金……

60. 买预期卖事实，到底是什么意思呢？

"买预期卖事实"的英文原文是"buy the rumor, sell the news"。这个说法起源于股票市场，不过，它几乎适合其他所有金融市场，如外汇、债券、贵金属（特别是黄金）、原油等，这看似和市场预期不符，其实恰恰反应了市场的真实情况。经过多年的检验，已成铁律一般。

如，黄金由美元定价，那么按说如果美联储加息的话，说明美元紧缩，那美元应该上升、金价应该下跌才对。但事实上，每次美联储加息，美元却反倒下跌，金价反而上涨。

这是因为，在金融市场中，往往是预期驱动着价格。早在19世纪末期，西方经济学就指出：对未来经济变量的预期是影响当前经济行为特别是资本市场上的资本投资行为的重要因素。预期作为经济行为主体的特征支配着他们的现实行为。

而预期往往会透支未来的事实。

再拿黄金价格为例。在美联储加息之前，金价的大幅下跌，是因为之前金融市场对美联储加息的幅度和力度预期，对金价造成的影响而超跌。而当美联储宣布加息时，投资者又从中听出了鸽派的意思（如耶伦表示：利率无需进一步大幅上涨以达到中性立场），市场感觉到了未来的加息幅度和力度低于之前的预期。甚至感觉到了加息可能正预示着下一次金融危机的前兆反应，是为未来可能的金融危机，提前铺垫好缓冲地带。于是金价形成所谓的触底反弹。而现在的反弹又超高了，即进入下一个"买预期卖事实"周期。

所以，预期是主观的，且往往是过度的，而事实则是客观现实。"买预期卖事实"的过程，就是不断调整预期和事实之间偏差的过程。

第五部分

货币该怎么投？

61. 进入 2018 年人民币为何暴涨? 还有必要换美元吗?

首先简单回答:如果作为投资理财的话,没有必要;如果准备出国留学、旅游、移民等,则另当别论。

2016 年有段时间,美元汇率大幅上升,人民币汇率小幅下降。在 2016 年底时,国内看空人民币的声音成为主流,此起彼伏,不绝于耳,许多金融机构、财经专家都说人民币兑美元将不断贬值,有的说将贬值到 7.4,有的甚至判断将贬值到 8 以下(即 1 美元可兑换超过 8 元人民币)。

而我在那时力排众议,强调:人民币在可自由兑换(即在资本项目上可以进行自由兑换)之前,不存在大幅贬值的可能,而兑美元更有可能小幅上升。因为,特朗普主张的"美国第一"、制造业回归等,恰恰需要美元汇率低一些(请注意,汇率低的美元依然是强势美元)。

随后,在 2017 年之中,我依然坚持并反复强调这个判断。事实也确实如此。现在回顾一下，如果你在 2017 年初轻率地用人民币换了美元，那么到现在纸面价格已亏损超过 10%。要是再加上其他因素，如摩擦成本、利率损失的机会成本，等等，实际的整体损失至少有 15%。

这说明了在做金融操作时，切忌盲目跟风。

回到这个问题本身。

美联储进入了加息缩表的周期，特朗普史无前例的减税案又通过了，而且已经开始实施。虽然这些对于美国经济而言，有利有弊，但对于中国的经济来说，真可谓刀刀见血，压力重重。

就拿防止资本回流美国的当务之急而言，中国央行就必须保持偏高的人民币汇率。这又回到了之前提到的情况——人民币在资本项目上还不能进行自由兑换，也就是说，目前人民币的汇率掌握在中国央行手中。这也恰恰是 2018 年人民币为何暴涨的原因，或至少是主要原因之一。

所以，还有必要换美元吗？

62. 现在各种只卖几块钱的数字货币，未来能涨到像比特币一样吗?

先简单回答一个字：难!

因为在前文中，我已经谈清了以比特币为代表的虚拟币的本质，这里就不再重复。在此，我直接回答这个问题：

第一，从比特币本身来看，由于各国监管升级、比特币分叉、各种虚拟币层出不穷等，比特币价格再次疯涨的可能性越来越小，但也不会很快退潮，将会在 6 000 美元到 10 000 美元之间，反复拉锯，不断地收割利润。而比特币的滞胀，就会限制其他虚拟币的狂热程度。

第二，许多人进入比特币为代表的虚拟币市场，内心是想实现一夜暴富。也许有个别人真的通过比特币实现了暴富。但在这个金字塔状的赌局中，少数人的确发了大财，成了亿万富翁，可大量的中下层必定是亏的。

谈到这儿，其实非常清楚了。财富转移与财富创造，两字之差，天壤之别。而所有的虚拟币（包括比特币）游戏，都纯属财富转移，和投资没有任何关系。这些东西，说得好听叫泡沫，事实上，没有实体资产对标，这些虚拟币连称为泡沫的资格都没有，就是庞氏骗局！

因此，目前只卖几块钱的虚拟币像比特币那样疯涨的可能性并不大。

63. 人民币会贬值吗?

我一直持这样的观点: 在可自由兑换之前, 人民币不存在大幅贬值的可能, 更有可能小幅上升。原因非常简单: 人民币汇率事实上是控制在中国央行手中的。

为何美元汇率会跌呢? 其实, 美元无论汇率高低, 都是强势货币。近来, 在美国加息缩表, 又大减税的基本面下, 美元汇率的走低, 更适合制造业回归美国, 更有利于美国的出口, 对于美国整体经济而言是利大于弊的。这样说吧, 美元表面上是可自由兑换的, 但背后是被美联储、财政部、华尔街等联手操控的, 一直将其控制在对美国经济最为有利的幅度之内。

而对于中国而言, 美国的加息缩表和大减税, 这对中国形成了巨大的压力。中国的当务之急是抵御资本外流(如回流美国), 也就是说, 目前更加需要稳定的人民币汇率。

近年来, 人民币储备货币地位逐渐被认可, 迄今已有超过60个国家和地区将人民币纳入外汇储备。人民币正在成为全球外汇储备的"新宠"。这对于人民币的国际化绝对是利多。

让我们回顾一次货币金融史上著名的"广场协议"（Plaza Accord）案例吧。

1985 年 9 月 22 日，美国和英国、法国、联邦德国、日本的财政部长和中国央行行长在美国纽约的广场饭店签署一个协议，为了解决美国巨额贸易赤字，联合干预外汇市场，导致日元大幅升值。

"广场协议"签署后，日本便结束了其经济起飞，从此一蹶不振，逐渐演变为经济缓慢增长、停止增长，甚至严重衰退，泡沫经济破裂、崩盘，迄今都还没有恢复元气。这就是所谓的"失去的三十年"。

尽管日本经济由盛而衰，萧条了三十多年，有很多原因，但"广场协议"逼迫日元汇率上升绝对是主因之一。因为日元汇率上升，使得日本经济产生了大量投机活动，房市、股市等形成了巨大的泡沫，而随着泡沫破灭，日本经济从此一蹶不振。

从"广场协议"的案例中，可以清楚地看到，汇率的高低是影响一个国家经济非常关键的因素，切不可掉以轻心！

如当下，人民币兑美元汇率偏高，可以起到阻止资本因美元进入紧缩周期、大幅减税而带来的大幅回流风险。

总之，为了防止资本外流，同时，为了人民币国际化的未来，短期内人民币汇率不会有贬值的可能，长期来看，也没有大幅贬值的可能。

64. 美元会走向衰落吗?

尽管美国国债已然是天文数字，但美元却好似矮子中的高个儿，只要维持着"信用"，就还不会衰落。

美元（United States Dollar）是美联储的票据，是美国作为存款债务的官方货币，1792 年问世，迄今已经有 200 多年的历史了。经过美国人近一个世纪的"奋斗"，美元成了全球的储备货币。美国则享尽了"铸币税"（注：铸币税原是中世纪西欧各国对送交铸币厂用以铸造货币的金、银等贵金属所征收的税。后来指政府发行货币取得的利润，即铸币币面价值与铸币成本的差额）带来的好处。作为全球储备货币的美元就像一个生金蛋的鸡一样，给美国带来无穷益处。

而要保持储备货币地位，最重要的就是"信用"，而信用的首要基础就是"值钱"。也就是说，美国是不会为了逞一时之快，杀了这只生金蛋的鸡的。

美元最初采取"金本位制"，以天量的黄金储备为美元背书。

在第二次世界大战结束后，美元奠定了其在全球的霸主地位。

然而，随着世界经济快速发展，黄金相对变得稀缺。这就意味着各国央行持有的美元外汇储备，与美元所能兑换黄金的比例不能再兑现。1971 年 8 月 15 日，美国政府宣布放弃美元"金本位制"，即美元和黄金脱钩。

同时，由于美国强大的经济和军事实力，确保了全球的石油（以及其他能源大宗商品）用美元定价，并必须通过美元交易。这使得美元从"黄金美元"演变成"石油（黑金）美元"。

为了继续保持着全球储备货币地位，美国是不会随便印美元的，于是，美联储的货币政策，一直在"宽松"和"紧缩"周期之间交替着，如当下又进入了加息缩表周期。

随着越来越多的国家试图摆脱以美元来定价交易石油等能源，"黑金美元"将渐渐地向"粮食美元"转变——通过强大的军力、强大的农业，掌握全球粮食的定价权，即由美元来定价并交易粮食——最大宗商品。

因此，尽管美国国债已是天文数字，甚至好似"庞氏骗局"，但美元只要维持着"信用"，就还不会衰落。

65. 美国为什么不开动印钞机，而借这么多外债，他们傻吗？

在回答这个问题之前，先简单科普一下美元。

美元（英语：United States Dollar；ISO 4 217 货币代码：USD），又称美金，是美国的存款债务的官方货币。它的出现是由于《1792 年铸币法案》的通过。它同时也作为储备货币在美国以外的国家广泛使用。目前美元由美联储控制发行。

那么，美联储发行的美元究竟是什么呢？

美元作为美国存款债务的官方货币，其实从金融角度上被定义为债务，说得通俗点就是一种欠条。其实，全球绝大多数可在资本项目下自由兑换的信用货币性质都类似。也就是说，信用货币全都是建立在信用基础之上的。不管是纸钞也好，电子币也罢，在作为货币时它们的本质都一样，都是在打欠条。

为什么说美元是债呢？

因为美联储发行货币的基础，是通过政府大量发行短期和长期债券建立的，在其偿还债务时才能被销毁，由此形成债务货币。所以，以发行货币的形式欠更多的债，债务不会奇迹一般地消失，如果不偿还，会持续存在于美联储的资产负债表上。

由于之前次贷危机引发金融海啸，造成了全球的金融危机。为了救市，美联储实行了货币宽松政策，多次实施量化宽松（QE），使得美联储资产负债表的规模达到有史以来最高位——4.5万亿美元。

现在，美联储已经进入了缩表周期，即非但不再开动印钞机，反而要将之前释放出的流动性悉数收回。

懂得了美元是债务的机制，就该明白了，美元是不可能无限制印发的。

为了确保美元长久作为世界各国的储备货币，美元在多数时候必须强势，因为只有确保美元的信用，才能在借债时保持低利率。只有在万不得已时才开动"印钞机"（如救市），而开动"印钞机"的结果，往往是"杀敌八百自损一千"，因为美国自己拥有的美国国债，超过全世界其他国家所拥有美国国债的总合。

总之，他们当然不傻，反而聪明透顶！因为，美元是一种债务——一种欠条，因此，美国不会随便开动"印钞机"，只有这样他们才能尽享"铸币税"的好处！

66. 如果美元崩盘，美国会怎么样?

先简单回答：虽然，从古至今，还没有哪一种可以和其他货币自由兑换的"纸币"能够像美元那样，永久地脱离金银，或其他任何有形资产的抵押，却全球畅通的。所以，美元崩盘的情况至少在 20 年内，没有任何会发生的可能。

众所周知，当今美元是强势货币，是全球的储备货币，也是国际贸易中绝大多数商品定价货币，特别是黄金、石油、粮食等。这意味着，无论汇率涨跌，美元都是强势货币。也就是说，美元可依托货币走强借到钱；也可靠货币走弱稀释债务；随时可对外贬值、对内保值，大斗进小斗出，不断通过这样的循环完成对全球财富的掠夺，享尽铸币税。

而且，只要美元能确保其"强势"，就不会崩盘。

那么美元是如何保持其强势的呢。除了美元在科技、军事、文化等方面的绝对优势，更在于为美元背书的信用锚定体系。

1971 年之前是黄金美元，1971 年开始，美元和黄金彻底脱钩。之后，美国与海湾国家相继签订协议，主要内容只有一个：只能用美元来进行石油结算！于是，但凡石油进口国就必须持有美元，油价越涨，就必须持有越多美元。于是，美元成了"石油美元"，并一直延续到现在。

而近年来，随着新能源的崛起，石油在能源中比重渐渐下降。美元必须找到新的锚定物来保持其霸权货币的地位。

事实上，美元正从石油美元向粮食美元过渡。而转基因又是粮食战略中最重要的技术。

转基因的问题敏感复杂，涉及方方面面，在此不详谈。只提一下，转基因不单是科学问题，更多的是经济问题。因为，美国人掌握了最多的转基因技术，大力发展转基因农业。合理的逻辑是美国希望通过垄断转基因市场，以此掌握粮食的话语权，确保其美元顺利过渡到粮食美元，继续保持其霸权货币的地位。

仅从目前中国每年需要从美国进口上亿吨粮食来看，这个战略奏效了。

最后，回到这个问题本身，如果美元崩盘，那将意味着美国经济崩盘，后果难以设想（回顾一下前两次世界大战、20世纪的大萧条）。不过，从目前来看，这个情况至少在10年，甚至20年内不会发生。

67. 货币为何会贬值？

首先，从专业角度来解释：

众所周知，现代的货币是法定货币（Fiat Money，简称法币），是由政府发行的货币。法币的价值来自拥有者相信货币将来能维持其购买力，其信用由政府来背书，但货币本身并无内在价值（Intrinsic value）。在宏观经济学的解释中，货币的价值取决于该货币的总需求及总供给之间的关系。

又因为不同国家的汇率政策不同，有些国家使用浮动汇率制，而有些国家或地区使用固定汇率制，其货币相对美元或其他主要货币的汇率为一定值，如港币和美元固定为 7.8 港元兑 1 美元。

所以，所谓的货币贬值，是指它的价值下降，此价值一般会以兑换为其他货币单位后的金额为准，意指价格下降或是价值减少。也就是汇率的降低。

那法币为何会贬值呢？

以上是专业学术的说法，用简单的、大家都听得懂的话来解释其实很简单：

①货币超发，即通货膨胀，可购买的商品（或服务），即购买力减少，钱不值钱了。

②从消费者物价指数（consumer price index，简称 CPI）就可以看出，CPI 上升幅度越大，货币贬值得越厉害。

③通货膨胀之后，汇率也会随之下降。

以上是一般法币贬值的专业和通俗的解释。不过，对于人民币和美元，都有特殊情况：人民币在资本项目下还不能自由兑换，美元是全球储备货币。分析它们的汇率用上述通常的方法是不足够的。

总之，简而言之，法币贬值的主要原因是超发了。

68. 各国纷纷采用货币宽松政策刺激经济，为何货币越宽松通货紧缩越严重？

这个现象在欧、美、日特别显现，在中国也挺明显的，不过，中国这个情况的本质和欧、美、日稍有不同。

先从金融专业的层面来说，当危机来临，政府纷纷采用货币宽松政策刺激经济，持续实行货币宽松政策，如低利率、超低利率，或降低存款准备金率。结果会怎样呢，只会在一段时期形成滞胀，但无法避免最终进入通货紧缩，而通货紧缩是最糟糕的经济状态。

事实上也的确如此。比如十年前的次贷危机所引发的全球性金融海啸。世界各国为了救市，不断降息，并实行货币量化宽松政策，以刺激经济。但是，问题是，百姓收入并没有提高，那么货币宽松的钱便进到了不该进的地方，推高了资产价格，形成了全球的资产泡沫，如股市、楼市等。

而老百姓的感觉是：物价涨幅不大，如欧、美、日，这些年来的 CPI 一直在 2%以下，这从金融角度而言就不算通货膨胀了。特别是美国，由于美元强势，通过全球化，保持了消费品的低廉价格。而中国这些年来，虽然属于通货膨胀输入国，不过，相对而言中国百姓的收入在不断上升，普通消费品的价格并没有涨多少，但中国的问题是房价上涨得太快了。

其实，这个问题问到了这些年来金融模式的本质，这些现象恰恰是下一场经济危机即将来临的先兆。

最根本的原因是互联网的崛起！全球化和互联网金融使得：①财富集中；②商品供应增加。财富向 1%的人集中，而他们的消费边际效应是递减的。举个最简单的例子，如果给富人一块钱，他会存起来；只有给穷人一块钱，他才会用掉，去购买需要的东西……

最后，要特别强调的是：如果靠宽松货币能解决根本问题的话，那么世界上所有的经济问题，就都不是问题了。要是政府救市能够解救经济危机的话，经济危机就不会发生了。原因很简单，因为宽松货币本来就是欧美目前经济危机的根源，用造成危机的根源来解救危机，可能吗？

69. 实施负利率到底意味着什么？

首先要说的是，一般的商业银行是不可能有真正的负利率的，而有一种所谓的"负利率"，是指通货膨胀率超过普通银行的存款利率，即 CPI（物价指数）上升的速度超过了银行利率。若将钱存银行的话，钱的实际价值，如购买力将越来越小，也就是说，在商业银行中的存款利率实际为负。

比如，中国曾在 2010 年 2 月 CPI 达到 2.7%，那时超过了普通商业银行的利率，这就是所谓的进入"负利率时代"。2 年后，虽然那时 CPI 同比上涨 3.2%，但那时的商业银行利率超过了 3.2%。于是，这种所谓的"负利率时代"结束。

其次，问题中所指的"实施负利率"，应该是指一国央行对存款实施真正的负利率。一般而言，普通商业银行在央行的存款，是可以获得利息的，但在负利率情况下反而需要支付手续费。也就是说，商业银行将钱存入央行会出现钱越存越少的状况。这种情况说明什么？说明央行不希望商业银行的钱存着，用负利率逼着商业银行积极地向企业放贷，促使实体经济活起来。比如，2016 年 1 月 29 日日本央行宣布实行 -0.1% 的负利率，从 2016 年 2 月 16 日起执行。这就是最典型的"实施负利率"的例子。

70. 实施负利率的国家中，还会有人把钱存在银行吗？

事实上，负利率有两类情况：

①名义上的负利率，指利率低于通货膨胀率；

②真的实行负利率，也就是说，你在银行存钱，还要支付银行利息。

要特别指出的是，往往在央行实施负利率时，是一国经济衰退、出现通货紧缩，即 CPI 出现负数，那和第一种情况恰好相反，存款利率实际为正。

在第一种情况下，老百姓依然把钱存在银行里是非常容易理解的。老百姓如果有剩余的钱，肯定要存起来以备不时之需，如看病、旅游、养老等，而投入股市怕亏钱，其他的投资可能更不靠谱。那即使在实际负利率的情况下，哪怕存在银行里会缩水，也比不存银行没有利息要好。在第二种情况下，那是商业银行的事情。他们自然会评估，是将钱存在央行里合算，还是被逼着向企业放贷，和普通百姓无关。

最后要说的是，事实上，在现实中，第二种情况并不多。

71. 比特币是货币吗？

货币，俗称"钱"，是人类为提高交易效益，对一种媒介达成的共识。过去，贝壳、粮食等自然物，或金属等加工品都担当过货币。目前，全球已经进入信用货币时代——以法定货币（Flat Money）为主导，即无需有价值的实物作为货币的本位，法币不代表实质商品或货物，而是依靠政府的信用使其成为合法通用的货币。迄今，信用货币效率最高，甚至可以避免经济大萧条，事实上，20世纪的大萧条，除了贫富悬殊导致的生产力相对过剩等原因，当时的金本位制是其主因之一。

货币跟语言文字一样，是人类创造出来的，但这并非说明货币天生就是虚拟的。最初作为货币的贝壳，以及后来的黄金、白银，之所以成为货币，主要是因为它们的稀缺性，所以才能作为等价交换物。而当今社会早已进入信用法定货币的时代，即货币必须有政府的背书！

有些专家认为法定货币没有锚，事实上，法币也是有锚的，而且有很多锚，如 CPI 指数的一篮子物品。关键是，在法币时代，货币发行以政府担保的债务的形式呈现，而政府为了保持信用，政府担保的债务是必须偿还的，不然的话，得不偿失。

　　最后顺便提一下，这样说吧，即使法币有这样那样的问题，如有些政府滥发货币，造成通货膨胀……但无论如何，也比以比特币为代表的那些虚拟币强！那种没有政府背书的所谓虚拟币，随便谁都可以"发行"，甚至比特币本身都可不断地分叉，既无信用也无稀缺性！一旦合法的话，岂止会滥发，还会被人利用，成为"击鼓传花"的金融骗局！

72. 犹太人通过控制美联储控制美国，从而控制全世界，真是这样吗?

出于复杂的宗教、政治、民族、文化、经济等原因，有人认为犹太民族有集体犯罪特别是操控金融的原罪，以犹太民族整体为目标的世界性的反犹主义，已有上千年的历史。其持续时间之长、残酷程度之烈、发生地域之广、参与人数之多，不仅是人类本身的耻辱，实际上就是一种反人类的非理性的集体犯罪，也是人类大家庭应当吸取的深重教训。

犹太人擅长金融业。今天美国三亿多人口中，犹太裔人只有六百万左右，约占总人口的 2%。但在金融界的影响力远远超过了其人口比例。前总统罗斯福曾感叹:"影响美国经济的只有二百多家企业，而操纵这些企业的只有六七个犹太人"。华尔街的金融精英中近半数是犹太裔人，"股神"巴菲特、投机大师索罗斯、Bloomberg 创办人彭博、美联储第十三任主席格林斯潘、美联储第十四任主席伯南克、第 70 任美国财政部长鲁宾、第 71 任美国财政部长萨默斯，及第 74 任美国财政部长保尔森，还有高盛、雷曼兄弟、谷歌、英特尔等公司的创建人都是犹太裔人。

犹太人为什么如此善于经商，擅长金融业？这不是什么莫名其妙的天生智慧，而是在特定历史环境条件下形成，有其深刻的社会、政治、历史成因。

罗马帝国对犹太人起义的镇压导致犹太人大规模地离开故土，开始了漫长而悲惨的流亡历程。这个长期以来没有土地、没有国家，忐忑不安地穿行在驱逐令和火刑柱间的边缘民族，尽管历代统治者都排斥它、剥夺它，但它依然崛起为世界民族之林中最会经商的民族，一股不可忽视的巨大经济力量。

欧洲中世纪的主要统治力量是基督教教会。天主教教士和地方教士大肆宣扬犹太人杀害了耶稣，犹太人长期被宗教和法律定为罪人，是不可通婚的劣等民族，从而鼓动普通市民仇视或杀害犹太人。十三世纪以来出现了对犹太人的大规模迫害和驱逐。当十四世纪中叶黑死病夺走了当时欧洲一半以上人口后，不幸的犹太人又被当做了替罪羊。

在基督教文化区，早期教会认为放款取息是犯罪，放高利贷该下地狱。但是，即使是教会统治下的世界，也离不开借贷这类金融活动，达官贵人以至国王也有亟需融资的时候。于是，教会就把这种"罪恶"的活动交给犹太人去做。因为，反正犹太人天生就是"有罪"的，让他们从事这种罪恶的金融活动，教会既可以保持自己的高尚，又满足了社会的需要。而且，尽情嘲弄犹太人成为欧洲人最开心、最解恨的事情。所以莎翁的《威尼斯商人》被定义为喜剧。

犹太人没有政治地位，在饱受歧视的艰难环境里，不能买土地，所以不能当地主；不容许耕种，所以也不能当农民。犹太人无缘参政或从事公务员、教师、公证人等"正当职业"，那么靠什么安身立命呢？犹太人信的不是基督教！不怕下基督教的地狱。既然欧洲人把犹太人发配搞金融，经商赚钱几乎是犹太人唯一可做的职业，于是他们不得不付出于超乎常人的努力，能赚钱时拼命赚钱，致力于理财和积财，在掌握钱财中求得生存的安全感。

被允许从事金融"罪恶"活动的犹太人并无安全保障，钱财随时都会被剥夺。比方说十字军东征时，教会为招募更多的十字军战士，颁布了一条命令：参加十字军的人，如果欠犹太人的钱，一律赦免，不用还了；犹太人白白遭受莫名的损失。欧洲很多君主也向犹太人借钱，但是，君主会随时宣布债务无效，或者以其他方式剥夺犹太人的财富。

金钱是犹太人唯一能够拥有的财富。为了防止被无端掠夺，有一点钱就要想方设法地藏起来。有了钱的犹太人，除了购买吃穿之类的日常用品，有钱也不敢大手大脚地花。在那些社会地位比他们高的基督徒看来，犹太人不是吝啬鬼是什么？

所以，犹太人的善于经商的特点并非天生，肇因于欧洲宗教和世俗政权对于犹太人的深度歧视。

与当时大多数没有文化的基督徒不同，绝大多数犹太人都能写能读，具有较高的教育水平，加上一个无国籍流浪民族特有的国际视野和联系优势，犹太人在银行等金融业建立了牢固的传统和很深的根基。与此同时，在这样的背景条件下，犹太人在人文和自然科学方面也有了卓越的建树。

犹太银行家常常被认为只对金钱的增长感兴趣，不择手段，没有道德顾忌。对人对事冷漠无情，没有温情和关爱，除非是小圈子里的自己人。但是，这个表象并不能只怪犹太人，真正的祸根在于欧洲人的千年坏传统。

十九世纪八九十年代，在俄国、法国、德国出现反犹太主义浪潮，又因为犹太人自古以来对回归以色列地域的向往，以及对于欧洲反犹主义的一种反弹，犹太人发起了一场国际性的政治运动——"犹太复国主义"，又称"锡安主义"（锡安是圣经中所提到的耶路撒冷的别名），是为支持犹太人在古以色列地域重建家园的政治主张。1882年俄国敖德萨犹太人医生平斯克尔对此简明诠释道："人们歧视犹太人，是因为我们不是一个国家，这个问题的唯一解决方法就是建立犹太国。"

"锡安主义"立即成为全球反犹主义的攻击目标。沙皇尼古拉二世的秘密警察炮制了《锡安长老会议纪要》（*Protocols of the*

Elders of Zion，又称《犹太贤士议定书》），它在 1922 年再版的时候被改名为《由世界政府来征服世界》（*World Conquest through World Government*）。这个伪造文件提供了犹太人阴谋接管世界的"证据"，其中描述了这样一幅情景：全球犹太领导人集会，组成了秘密组织和机构，制定了一项计划，意图控制和操纵政党、经济、新闻界和公众舆论，实现统治世界的目的。该"议定书"曾在包括美国在内的世界各国出版，反犹主义者用它来支持所谓的犹太人阴谋论。

二十世纪二三十年代，德国纳粹政党利用该"纪要"为其反犹意识形态和政策赢得了支持。希特勒和戈培尔以此作为犹太人阴谋的最大证据，确定他们有着一个严密的组织，在阴谋策划反对第三帝国，以及最终图谋掌控世界，声称德意志民族面临着"犹太人的威胁"。希特勒等纳粹党人炮制了最终解决方案，即惨绝人寰的灭绝犹太人的大屠杀政策。在 1939 年至 1945 年期间，约六百万犹太人惨遭杀害。

第二次世界大战以来，希特勒纳粹帝国大规模屠杀犹太人给人类的最大教训是：如果世界上一部分人可以被牺牲和灭绝的话，那么整个人类本身就将受到威胁。换言之，灭绝一个民族不单是对这一民族有罪，而且是对整个人类犯罪。

近年来，一种阴谋论在中国流行了起来，依据的是一些西方早已无人当真的过时阴谋稗史，杂糅了一些不明来历的故事情节。其中主线竟然直接基于沙俄和纳粹宣传品关于犹太人阴谋的无稽滥言。犹太人被描绘为通过控制国际金融系统，如美联储，来达到其阴谋统领世界的目的。

这显然是历史虚无主义的无稽之谈。

欧洲历史上绝大多数时间里，犹太人不允许拥有不动产和其他实质财产，也就是说，法律规定犹太人不可以买房子，不可以拥有土地。这致使犹太人只能在政府指定的区域集中居住，居住条件由政府决定。这形成了欧洲各地的犹太人聚集区，后来演变为集中营。

文艺复兴、启蒙运动后，教会力量下降，君主专制占据欧洲政治舞台，欧洲各国对于"其他实质财产"的规定也开始有所不同。但是，有一条仍是确定的：犹太人不可以拥有房产。所以犹太银行家所罗门·罗思柴尔德不得不常年住宿宾馆，因为他不愿住在条件简陋的犹太人聚集区，又不能自己买房子。

即便在今天，有人仍认为美联储还只是私人银行的一个傀儡，而这些私人银行最终效忠于某个无所不在的犹太家族。这就是起码的常识性错误了。美国历史上从来没有过国立的中央银行，只有过公私合营或私人银行承担中央银行的职能。美联储是私有的中央银行，或者说是整个私人银行集体利益的代表，目前所有的决策也都是透明的，不可能受到哪家银行的操纵。美联储的最高决策机构是由管理委员会七人（包括主席、副主席在内）

组成的理事会，成员悉由总统提名，需经参议院同意，被任命者不能与任何私人银行存在利益冲突。美国政府的经济政策系由美联储主席与财政部、预算局以及经济顾问委员会的负责人组成"四人委员会"共同制定。

事实上，金融业是现代经济中竞争最激烈的行业之一，其产业结构与垄断组织相去甚远，这也就是金融创新如此活跃的一个原因。阴谋论者描绘的超然凌驾于国家政府乃至国际政治法律制度之上，拥有神秘权力的所谓"国际银行家"，纯属子虚乌有。

阴谋论的一个重要基石是咬定国际银行家们不只是操纵政治、制造战争，更频频制造金融危机，包括1929年的经济大萧条。这些指控的逻辑性颇为荒谬。任何一个了解金融基本运作的人都知道，金融机构的盈利能力与金融市场的稳定和宏观经济的景气呈紧密的正相关性。当经济繁荣、市场兴旺时，金融业盈利就表现良好。而经济不景气、市场低迷时，金融业的经营环境就显著恶化。尤其是每次金融危机发生时，金融机构面临巨大的风险，会大量亏损，甚至倒闭。大萧条期间，数以百计的金融机构，包括商业银行、证券公司与保险机构，惨遭倒闭厄运。最新一轮的美国次贷危机，对美林、花旗、瑞银等许多世界一流的大型金融机构所造成的巨大冲击，就是最新的例证。如果认为历史上每次金融危机都是国际银行家故意制造，有违基本常识。至于国际银行家孜孜以求的是廉价货币与通货膨胀这样的说法，同样不合情理。通货膨胀使贷款的真实价格缩水，作为债权人的银行损失最大。那么为何国际银行家企求的不是价格稳定，却偏偏是通货膨胀呢。

阴谋论者试图显示一种旗帜鲜明、是非分明的印象，其实他们的立场含糊不清，甚至自相矛盾。这些阴谋论弥漫着反犹太色彩，不断影射一些国际金融家的犹太出身背景。这些阴谋论里杂糅了：极左思潮——抨击私有化、自由贸易等市场经济政策；极右倾向——仇视罗斯福新政与政府对经济的干预政策；民粹主义——反精英阶层，仇视华尔街、金融界与大企业；非理性的孤立主义——不信任包括联合国、国际货币基金组织、世界银行、WTO 和国际清算银行（BIS）在内的任何国际组织与机构；无政府主义——主张绝对的个人自由，并流露出对任何集中权威包括中央银行的天然不信任；对日本的同情与反西方意识（日本经济泡沫破灭系西方国家金融核弹打击所致）……

总之，那种"犹太人通过控制美联储控制美国，从而控制全世界"的说法，纯属"犹太阴谋论"的无稽之谈！

第六部分

金融衍生品该怎么投？

73. 期权是什么？你了解期权吗？

期权是最常见的金融衍生品之一。

所谓金融衍生品，英文原名是 Derivative Securities，亦称衍生证券，由普通证券衍生而来，是一种既不像债券（有固定收益），也不是股票（有股本）的金融工具。期权（Options）、期货（Futures）是衍生证券的主要两大类。

购买了衍生证券，便表示你对这个指定证券（Underlying Securities）如阿里巴巴证券拥有了某种权利。

期权指拥有权利在指定期限前，用指定的行使价格（即Strike Price）购买阿里巴巴证券（这称为 Call Option，买入期权）；或拥有权利在指定期限前，用指定的行使价格卖出阿里巴巴证券（这称为 Put Option，卖出期权）。

期权持有人可以按约使用权利，也可以任其作废，还可在有效期内将这个期权转售他人。

74. 期货和期权有什么不同?

期货是买卖双方在期货市场上签订的一种契约合同。这种合同定时、定量、定价买卖某种货品,包括各种债券、外汇及某种具体实物等。

可能看着有点儿晕吧,那就用房子来举个例子。

老刘回国,看到有一栋兴建了一半的公寓,外观大气,非常喜欢。进售楼接待中心问询,一销售热情地招呼老刘,说这个楼盘地段好,房价肯定会不断地涨,半年后竣工,一套公寓估计至少1 000万元。销售对老刘说:"我们现在有一个销售方案,如果你现在付10万元订金,那我们可以签约,在大楼建成后即使那时房价真涨到1 000万元,甚至更高,你只需支付900万元,等于你买到就赚到了。不过,要是你那时不想买了,也可以,最多就损失10万订金而已。"

这就是典型的买房期权。如果改为买房期货的话,同样说好在建成之后以900万元的价格卖给老刘。那到期时,不管房价是涨还是跌，老刘都得支付 900 万元，无论赚还是亏。

所以，期货和期权的不同在于：

做期权时，买"买进期权"或买"卖出期权"的那一方有权决定是否履行合约的；但是，期货就不一样了，合约到期时，无论如何，都必须履行之前定下的买卖合同。

75. 期货的本质是什么?

前文提到，期货是买卖双方在期货市场上签订的一种定时、定量、定价的买卖某种货品的契约合同，包括对各种债券、外汇及某种具体实物等。

举个例子吧。

有个咖啡农场主，每年收获一万吨咖啡，正常情况下应该能卖到 1 万元一吨。农场主怕咖啡因为各种因素而跌价，就以每吨一万元的价格卖了一万吨的咖啡期货。如果那年咖啡价格真的跌了，农场主的咖啡当然没卖到好价钱，但农场主在咖啡期货市场中就赚到了钱，正好可以弥补亏损。

这个咖啡农场主在期货市场中的所为，在金融市场中就叫 hedging（反串对冲），也就是说，他是在期货市场中为自己的咖啡价格买了个保险。

从上面这例子里可以清楚地看出，期货的本质其实就是一个转嫁风险的过程。这个期货让咖啡农场主可以将市场风险转给别人，以一个通过撮合的市场价，将风险转嫁给了愿意对市场风险投机的人——在这个例子中，就是那个与咖啡农场主签订期货合同的买方。

76. 玩期货算赌博吗？

在前文的例子中，与咖啡农场主签订期货合同的买方显然就是投机者，这和在赌场中，对赌"大小"游戏的赌徒一样。即，如果那年咖啡豆的价格超过每吨一万元，那这个投机者就赚了；反之跌到一万元以下的话，他就亏损了。

请特别注意：期货签订的是远期合同，价格是随着市场波动，并不是投机者自己能控制的。

而且，期货交易一般采取的是保证金（Margin）交易而非全额交易，这就会产生杠杆。期货保证金的杠杆如果 10 倍的话，1 千万元的商品，只需要 100 万元，就可以进行交易了。赚钱时，以小博大，利润可达本金的 10 倍。但是，正所谓成也萧何、败也萧何，一旦亏钱，价格不断下跌，不断地被要求增加保证金（Margin Call）的话，期货市场中的投机者，是有可能倾家荡产的！

所以，期货市场中有两类人，一类（现货供应商）在做保险；另一类（现货供应商的签约方）在做高杠杆风险投机，这类人的行为当然就算赌博了。

77. 原油投资是怎么回事？炒原油是怎么回事？

原油是全球第一大宗交易商品，原油投资，也可称为石油投资，自然是国际金融市场上最重要的投资项目之一，所有投资者都应该了解一下。

国际上主要有四种投资方式：现货投资、期货投资、期货指数化投资以及能源股类投资。中国目前主要支持现货投资，国内个人参与原油投资主要通过与石油交易所的机构会员合作进行投资。

所谓炒原油，是指通过原油投机炒作以期获利。但是，我不得不指出，包括原油在内的所有大宗商品市场，都有操控者，即意味着有陷阱。

纽约商品交易所和伦敦 ICE 期货交易所是全球原油最大的交易平台，而油价是被可屈指可数的几家华尔街大投行（比如高盛和摩根·士丹利）控制的。它们是这场游戏几个至关重要的角色，油价的定价权其实是掌握它们手中的。

表面上来看，石油和粮食一样，是人类的必须品，是不可再生资源。但由于定价权掌握在大投行手中，所以油价经常忽上忽下，摇摆不定，甚至完全背离供求法则。

因此，不鼓励散户投资者投机炒原油，如非要炒的，请千万小心，"小赌怡情"即可。

78. 炒现货原油存在投资陷阱吗?

所有大宗商品市场,都有操控者,即意味着陷阱的。所以油价的定价权其实是掌握在华尔街几大交易平台手中的。

接下来,我用几年前的一个实例,来谈谈华尔街是如何操控原油价格的吧。

它们一般通过西德克萨斯中质原油(West Texas Intermediate)和北海布伦特原油(North Sea Brent)这两个等级的原油期货合同,控制着当今全球的基准油价,即设定现货原油的价格,而这是在极不透明的情况下确定的。

就在十年前,2008年1月,那时油价已经冲破了每桶100美元,达到了高位,而那时高盛的多位分析师却故意制造舆论,宣称油价将要突破200美元,甚至400美元一桶。

之后,油价的行情受到了高盛舆论影响,油价果真一路飙升:110美元一桶、125美元一桶、135美元一桶、145美元一桶……

现在再回头去看，显然当时高盛在唱多做空，就当 2008 年 8 月份油价飙升至每桶 147 美元时，突然掉头向下大幅下跌，于是，几家做空油价的投行大发横财，可高位接手者损失惨重！

在这次唱多做空的事件中，中国由于经济的高速发展，对原油需求巨大，生怕油价飙升，于是高价买入大量的原油，结果油价大跌，损失惨重。

国家队尚且有出师不利的先例，普通散户就更不用说了。除了原油，整个大宗商品市场，都由华尔街操控，到处是陷阱，千万小心！

79. 可转债到底是什么？

"可转债"是可转换债券的简称，即 Convertible bond，也可翻译为可换股债券，是一种金融衍生品。债券持有人可以转换为债券发行公司的股票，其转换比率一般会在发行时确定。如果债券持有人不想转换，则可以继续持有债券，直到偿还期满时收取本金和利息，或者在流通市场出售变现。

也有些可转债到期后要求持有人必须将其转为股票，这类可转债也可以称为必（须）转换债券。

从本质上讲，可转债是在发行公司债券的基础上，附加了一份期权，并允许购买人在规定的时间范围内将其购买的债券转换成指定公司的股票。

俗话说，甘蔗没有两头甜，任何事都是有利有弊的。

从债券发行公司的角度来看，用可转债来融资的主要优点在于可以减少利息费用。不过，其弊端是如果债券被转换，那么公司股东们的股权将被稀释。

80. 对于投资者来说，可转债和股份这两种融资方式各有何利弊？

对于投资者而言，可转债最大的特点就是上不封顶、下有保底，可谓进可攻，退可守。其特点是：

①可转债具备了股票的长期增长潜力和债券收益较为稳定的双重特性。在股市熊市中，可转债的跌幅通常小于熊市的跌幅，避免了太大的损失；而在股市牛市时，可转债涨幅又和股票涨幅接近，保证了利润获取最大。

②可转债通常具有较低的票面利率，因为将可转换债券转换为普通股时，所换得的股票价值一般远大于原债券价值。也就是说，可转成股票的权利是对债券持有人的一种补偿。

③可转债一旦转换成股票之后，就和股票一样了，不再具有债券保值特性了。

总之，对于公司而言，用可转债来融资的主要优点在于可以减少融资的成本。而对于投资者而言，降低了投资风险，进可攻，退可守，特别是如果股市在熊市之中，是个不错的投资选择。

81. 为什么期货中有咖啡这个非生活必需品？

在回答这个问题之前，首先引用华尔街名言："如果能把我的奶奶打扮成一个 18 岁的漂亮大姑娘，我也可以把她卖了。"

这句话的意思是，在华尔街，只要能带来收益，任何东西都可以买卖。

如有史以来全球电影票房第一的《阿凡达》，其 2009 年的票房高达 28 亿美元。如果考虑到这 9 年来的通货膨胀因素，相当于当下的 360 亿人民币，超过了中国 2016 年总票房（近 460 亿元）的 78%！而《阿凡达》的制作成本投入不过 2.37 亿美元，去掉院线分成，也就是说投资方赚了四五倍。华尔街一看，电影票房能卖，便立刻推出电影票房的期货。

那更别说咖啡了。咖啡是全球第二大宗交易商品，交易量仅次于原油，其实，对于欧美人来说，咖啡是生活必需品。俗语有：No coffee，no work，即不喝口咖啡就无法工作。显然，期货中有咖啡太正常了。目前，全球几大主要的期货交易市场都有做咖啡的期货，包括纽约期货交易所、伦敦泛欧交易所、大阪关西交易所、新加坡商品交易所等。

可能绝大多数人都不知道，每口咖啡中都沁入了咖啡种植者的血汗。在美国，咖啡进口价低廉到 0.6~0.7 美元/每磅（1 磅约为 453.59 克），可以想象，如此价格说明了咖啡来自"种植园的血汗工厂"。可哪怕就 0.7 美元，也不能都到达种植咖啡的农民的手中。他们的所得只够他们勉强度日，甚至无法维持一家人最基本的生活。

所以，咖啡是欧美人的生活必需品，不但有期货，而且是获利极大的期货。

82. 金融杠杆是什么？

这是个好问题。杠杆（leverage）是金融的三要素之一，另外两个要素是信用和金融风险控制（简称风控）。

杠杆最早是物理学中的力学定理，大家在中小学物理课上肯定都学过了，如在日常生活中，你每天开车用的方向盘，就运用了杠杆原理。而金融杠杆就是杠杆原理在金融上的应用。简单来说，就是用乘号，放大投资的结果，如几乎每个人都会用到的房屋按揭贷款，就用了金融杠杆。

假如买一幢 100 万元的房子，首付是 20%，就用了 5 倍的金融杠杆。从投资而言，如果房价上涨 10%，那投资回报为 $5 \times 10\%$ ＝50%。要是首付是 10%，金融杠杆就变成 10 倍。那房价涨 10% 的话，投资回报就是 100%！但是，有利就有弊，金融杠杆也不例外。它可以把回报放大，也可以把损失放大。如 100 万元的房子一旦房价跌了 10%，那么 5 倍杠杆的损失就是 50%，10 倍金融杠杆的话，首付就没了……当年美国几百万栋房子被强行拍卖，主因之一就是使用了倍数太大的金融杠杆。

而使用金融杠杆炒股，或投机其他金融产品的道理都是一样的。

第七部分

金融危机是怎么来的？

83. 未来美国等是否会再次发生 10 年前的金融危机？

首先要说的是，时光荏苒，这次由美国次贷危机所引发的金融危机一晃已过去十年。而为挽救将蔓延全球的经济危机，以美联储为首的全球央行不断量化宽松（增表）、降息（维持多年低利率、甚至零利率）——货币宽松，表面稳住了经济，使得经济似乎复苏了。但实际上，这些拯救经济危机的方法都是治标不治本的措施，且宽松货币恰恰就是经济危机最关键的根源，也就是说，用产生危机的原因去治疗危机，就好似拔着自己的头发想使自己脱离地心引力一般。

因此，只要救市的方式不改变，不根治弊病的话，美国等将早晚会再次发生金融危机。

这也正是为何周小川行长在 2017 年 10 月 19 日警告金融市场可能将进入"明斯基时刻"的危险期；以及许多经济界、华尔街大佬，包括吉姆·罗杰斯（James Rogers）在一次采访中，也发出了类似地警告："全球的牛市即将结束，因杠杆过高、监管缺失和过度的跨境资本流动，下一场金融危机正悄悄地逼近，并且这是最糟糕的一次，将会超过 2008 年。"

这样说吧，在信用货币体系下，其实钱就是债，货币宽松的结果就是债务的堆积。此前，国际清算银行明确告诫世界各国央行：央行们必须意识到，现在的债务已经累积到了非常可怕的地步，千万不要担心加息过快，要是加息推迟，将会有更大的风险。经济危机的稳定并没有解决，更大的金融危机将要到来。

具体到金融市场，因长期货币宽松、超低利率，已导致全球的股市、大宗商品、楼市、以及高收益率债券等，都出现了巨大泡沫。而"明斯基时刻"就是指一旦资产所产生的现金流量不足以支付债务的利息，一旦债权人要求举债的投资人还债时，投资人必须卖掉价格相对稳定的资产来维持现金流量，但金融市场上已经没有人愿意支付更高的价格来接手的话，那么将会抛售金融资产，最终造成资产价格崩溃，即引发金融危机。

这也就是我为何从 2017 年初开始，就提出目前几乎所有资产都在高价位，而现金恰恰是被低估的资产，因此，当下是现金为王。

而几周前的英国《经济学人》的封面故事——《各种资产的牛市》，也很好概括了全球金融市场的现状。并且也提出了，目前最为重要的就是现金。

所以，美国等将早晚会再次发生金融危机。更准确地判断是：上次危机的十周年，其实正是下一场金融危机的前夜。

84. 2008 年次贷危机，为什么跟 1929 年美国金融危机不一样？

简单说是因为废除了金本位制，并且美元成了霸权货币。

1929 年美国金融危机引发的全球性大萧条，原因很多，而金本位是主因之一。当时，美国施行金本位制，即每单位的货币价值，等同于若干重量的黄金，看似不错，能避免通货膨胀。但是，随着生产力的迅速提高，对货币的需求也同步提高。但生产力大大超过了黄金的总量，同时，当时美国又贫富悬殊，市场上流通的货币相对大量生产出来的商品更不成比例，便形成了所谓的"产能过剩"。当时最残酷的一个场景是：资本家不愿降价出售，宁愿将牛奶倒入大海，同时，多少婴儿因没有牛奶喝而营养不良、甚至死亡！

从经济学而言，金本位制确定了一国的货币供应量，使得央行没有多少货币政策空间来，稳定经济。事实上，金本位制非但无法阻止金融危机的频繁发生，而且，其本身恰恰是金融危机，甚至经济危机的根源。

前美联储主席伯南克曾明确指出，当年，美联储之所以未能遏制大萧条的主因就在于它试图维系金本位制。

而美国前总统罗斯福任期内最成功的一项举措就是开始让美国脱离金本位制。当时罗斯福新政中有一条，是把美国民间所有的黄金都收归国有，从而废除了金本位制，然后发行信用货币。这成了将美国从大萧条中解脱出来的主因之一。

到了1971年，美元彻底和黄金脱钩，美联储拥有了各种弹性的货币政策。

2008年次贷危机之后，美联储使出浑身解数，运用各种救市手段，直接直升机撒钱、三次QE，并利用美元霸权，通过全球化，将危机成功转嫁，特别是所谓"美国生病，中国吃药"。美国不久的就从危机中解脱出来，而不像1929年之后美国长期陷入大萧条那样。

借用美国前财长约翰·康纳利的名言："美元是我们的货币，却是你们的问题。"所以，关键在于货币。

85. 金融危机是怎么发生的？美元贬值会引发新的金融危机吗？

由于经济体制不同，所谓的金融危机迄今好像还没有在中国发生过，或至少不像欧、美、日那样呈周期性。欧、美、日这几十年来，每隔十年（甚至更短），就会爆发规模不同的金融危机，周而复始。

此处只谈一下金融危机是怎样在美国发生的。

①对金融系统的监管存在问题。也就是说，有些金融危机，是对金融系统监管不力所致，如十年前的次贷危机所引发的全球性金融海啸。

②大规模的货币化财政赤字会造成风险。在信用法币体系下，钱就是债。如美联储上次为了救市，实行了十多次降息、三次货币量化宽松，这将带来美元大规模货币化财政赤字（美联储目前负债表高达 4.5 万亿美元），以及美元贬值的风险。虽然，由于美元特殊的国际地位，能输出通货膨胀，但毕竟风险还是在

国内积聚着，这也是为何美联储从两年前开始，必须进入升息缩表的货币紧缩周期，以期提前释放风险压力。

③实际上，就在美联储被当作救命稻草，救那些大而不倒的巨型企业，如两房、AIG 时，已经引发了道德危机。从这个角度而言，这种救市其实是金融危机的另一种形式。

④由于多年来鼓励超前消费，使得美国家庭早已陷入了入不敷出、债务（包括房贷、信用卡、汽车贷款、学生贷款等）高企的消费模式，这也是导致了十年前金融海啸的主因之一。

美国金融危机发生的原因基本上是以上几点。而遗憾的是，上面这些问题非但没有得到解决，反而愈演愈烈。最新数据显示，2017 年美国家庭债务突破 13 万亿美元，创历史新高。

的以，美国有超过 20 万亿美元，加上天量的私有债务，一旦无法持续的话，有些家庭会选择违约，有些银行或影子银行等金融机构，将会由于不良资产过多而破产，这就是金融危机发生的主要原因。至于美元贬值，则和金融危机没有直接关系。

86. 如何通俗易懂地说明巴林银行是如何倒闭的?

在回答这个问题之前,先简介一下金融的三要素(信用、杠杆、风控)之一:杠杆原理在金融上的应用。

在日常生活中,你每天开车用的方向盘,就运用了杠杆原理;在财经领域,几乎每个人都会用到的财经杠杆,就是房屋按揭贷款。而财经领域的杠杆,可以把回报放大,也可以把损失放大。

回到巴林银行是如何倒闭的。

巴林银行,因从事国际贸易融资而闻名,在英国金融业中曾担当重要的角色,英国女王伊利莎伯二世亦曾经为其客户之一。

它是倒在新加坡一位号称交易界的"超级明星"、可以"左右日经市场"的"魔鬼交易员"尼克·李森的手中。

20多年前,巴林银行在新加坡和大阪两个市场,从套利交易的佣金中赚钱,本来这是稳赚不赔的生意。可那时,李森大概觉得那种"蝇头小利"的生意不过瘾,于是动用高杠杆金融手段,大量买入他看涨的日本股票市场的日经期指，同时，又没有妥善的风控（金融的三要素之一）。

他在自传《疯狂的交易》中写道："（1995年）2月23日我手上有6万多份期指合同。我把市场上能卖的都买了……"但是，日经期指并没有如他预期上涨。结果，那天晚上，李森离开交易大厅再也没有回去。他失去理智的疯狂举措，拖垮了巴林银行。三天后，2月26日，英国历史最悠久的银行之一，于1762年在伦敦开业的巴林银行，正式宣布破产，损失总额高达9.27亿英镑（相当于14亿美元）。

最后，李森被投进德国的监狱。巴林银行倒闭后仅以1英镑的象征性价格，卖给了荷兰的ING集团。

百年老店巴林银行的倒闭，最主要、最直接的原因是"魔鬼交易员"尼克·李森的没有风控的高杠杆单向操作。同时，当时，巴林银行（以及监管部门）缺乏有效的监管，也是主因之一。

87. 滥发货币不好，不发货币（货币恒定）就是好事？

首先简单回答两个字：不是！

让我们回到一百多年前，那时美国从银本位制更换成了金本位制，也就是说，每单位的货币价值，等同于若干重量的黄金。那样的话，由于黄金的数量有限，被瞄定黄金的货币也就有限了，这就等于货币相对黄金而言恒定了。而且，那时越来越多的财富集中到了少数人的手中，因此，市场上流通的货币就更少了。

而随着生产力的迅速提高，商品产出猛增，市场上对货币的需求量也相应猛增。结果，因为生产出来的商品无法售出（市场没有足够的流通货币，即生产力大大超过了黄金总量），便造成了所谓的"产能过剩"。最终发生了 20 世纪美国经济的大萧条。

显然，金本位使得货币恒定，限定了货币的供应量，使得央行没有多少空间用货币政策来稳定经济。因此，货币恒定（如金本位制）非但不能阻止金融危机的发生，反倒是 20 世纪发生大萧条的主因之一（另一大主因是财富分配不均）。

事实上，随着世界各国的货币体系都相继脱离了金本位制，各国央行有了弹性的货币政策工具，像 20 世纪大萧条那样严重的经济危机，就再也没有发生过。

所以，滥发货币显然不好，但货币恒定也不是好事！

88. 为何经济学家无法预测金融危机?

首先，要明确地指出：经济学不是自然科学，不可能像物理、化学那样，只要在一定的条件下，即所有参数都准确的话，就能得出一定的结果。经济学并非自然科学（属于社会科学吧），形成金融危机的因素变数太大，即参数无法精准确定。因此，经济学家的确无法准确预测金融危机具体爆发的时间点。不过，爆发金融危机的大趋势是能够判断的，当然那也只是概率的大小而已。

事实上，预测金融危机也不是经济学家的责任。作为科学工作者，真正的经济学家用研究和测试的理论，来解释他们周围的世界；作为政策顾问，他们用自己的理论来影响，并帮助决策者，来改变这个世界，希望使之变得更好。而预测市场走势，根本不是经济学家的责任，那是算命先生的事情！

之前在国内金融界有一个流行说法："只有能准确预测中国楼市走势的经济学家，才能算真正的经济学家！"真不知凭什么?！

经济学家和预测楼市有关系吗?!

中国楼市背后的人为因素太多了,并非物理、化学那样的自然科学,经济学家最多只能根据各项政策来判断楼市的大趋势,而不可能预测具体走势。同理,经济学家最多只能判断有否金融危机的大趋势,而无法准确预测具体时间点或时间段。

最后,请记住巴菲特的恩师格雷厄姆的名言:"如果说我在华尔街 60 多年的经验中发现过什么的话,那就是没有人能成功地预测市场……"

89. 为何全球央行量化宽松却没有发生通货膨胀？

简单而言，这些年来全球央行的量化宽松所产生的货币，并没有真正进入流通领域，因此，没有大幅推高商品价格。

近年来，欧、美、日央行的量化宽松的本意是刺激经济，试图从金融危机导致的经济衰退中解脱出来，但因为大量的资金并没如愿进入经济实体，所以反而推高的是各类资产的价格，如股市、房市，也就是说，那些资金沉淀到了资产价格之上，而没有进入流通领域，因此，没有大幅推高商品价格。

另外，货币超发也可能被科技进步所抵消。

顺便提一下中国的情况，中国这些年来的 M2 虽然非常惊人，不过，绝大多数都沉淀到了房价上，也并没有导致物价飞涨。

所以，由于超发货币很少进入流通领域，于是就没有发生这个问题中的所谓"通货膨胀"。

第八部分

未 来 的 投 资 机 会 在 哪 儿 ?

90. 当今中国的哪个行业有发展趋势？

（1）泛娱乐的大文化产业

生活水平提高了，娱乐休闲就是必须品了。影视、游戏、动漫等，都属于泛娱乐产业。旅游、运动也可算在这个产业之中。

最典型地抓住了机会的几大企业是以下几个：

腾讯这方面做得最为突出，阿里巴巴也在泛娱乐方面下了大功夫，还有恒大、百度。

显然，在未来，谁能满足人们的娱乐需求，即好玩儿、放松、消遣的心理需求，谁就能赚到钱。

（2）保健、医疗等的大健康产业

中国逐渐进入老龄化社会，而且中青年的亚健康问题也越来越突出。

马云曾经说过："未来的世界首富将会出现在大健康领域"。我十分赞同。

中国互联网三巨头都介入了，大健康产业的发展趋势也就可见端倪了。

百度在好几年前就开发了百度医生、医疗大脑、拇指医生、百度健康等多个医疗板块。

阿里也早就开始布局了云医院、天猫医药馆、阿里健康等。

腾讯更在好几年前就投入 7 000 万美元进入医疗健康互联网公司丁香园、移动医疗平台挂号网等。

互联网+物联网+大健康产业的整合将把大健康产业做大，而且别的行业也大都能与大健康挂钩。

（3）环保、新能源等的大绿色产业

简而言之，未来新能源取代燃油、煤炭等传统能源是大势所趋。如新能源汽车就将是一个爆发点。

上述那几个行业，真可谓巨大的"蓝海"，而它们都离不开人工智能、大数据、云计算等。也就是说，首先得尽量掌握这些新知识新技术；其次，作为个人，在选择行业时，更应考虑自己的爱好。而想赚钱的话，无论是创业、投资，还是择业，跟大趋势走，又恰好做自己最爱做的事情的话，成功的概率会大很多。

91. 为什么钱存在银行里是贬值，拿去投资是负担不起的亏损，如何是好？

"钱存在银行里是贬值"，这在前二十年，在中国经济高速发展、全球货币宽松推高了通货膨胀的那些年间，的确是事实。

不过，时过境迁，切不可刻舟求剑。在所谓的全球央行美联储进入了加息缩表的货币紧缩周期，各国央行都不得不跟进。截至 2017 年第三季度末，世界各国政府、企业、银行和家庭债务总额为 233 万亿美元，是全球 GDP 的 318%，平均地球上每个人欠债 3.35 万美元。

而当所有其他资产都被债务推高的时候，现金反倒成了当下最低估的资产！也就是说，解决全球债务问题已经迫在眉睫，当下显然现金为王。

所以，在全球资产都被大量债务推高形成泡沫的时候，投资是很容易出现亏损的。而当下将钱存在银行，特别是定期高利，抑或投入保本高息的凭证式国债，其实都是不错的选项。

92. 现在可以投资 P2P 吗?

近年来，P2P 平台出事，甚至跑路的新闻时有报道。2017年，曾有报道中国的 P2P 网贷问题平台累计已达 1 031 家之多。目前，出问题的 P2P 平台可能更多。诈骗卷款跑路的消息时有所闻，P2P 俨然成了负面的词汇，令人有谈虎色变之感。

事实上，正规的 P2P 平台还是有不少的。那么，如何判断一个 P2P 平台是否正规呢? 很简单，把握三个基本原则:

①是否有第三方托管，自己不能有资金池。P2P 的问题是典型的诚信问题，最好由银行托管。

②借贷方是否有足额担保的抵押品。

③项目是否明确，整个流程是否非常透明。

有一点请特别注意，一般而言，在当下，如果有 P2P 平台告诉你能确保超过10%以上的回报，那基本就能确认是骗局，千万小心。

综上所述，如果能确定一个 P2P 平台是正规的，并具有专业可靠的风控系统的话，那还是可以投资的。

93. 中国能避免中等收入陷阱吗?

中等收入陷阱是指一个国家由于某种优势,达到了一定中等收入水平,但之后便停留在这个水平上。这个中等收入水平一般而言要达到人均国内生产总值 3 000 美元左右,如巴西、南非、菲律宾、墨西哥等,最长的会持续几十年之久。

困于中等收入陷阱原因一般有这几点:投资比例低;制造业增长缓慢,升级无望;产业多元化不足;劳动力市场状况贫穷。因此导致经济发展徘徊不前。

专家认为,改革开放整整四十年了,中国经济到现在处于一个很关键的转型期,从数据上看,中国已落入中等收入陷阱,将进入比较确定的 L 形长尾巴。

但是过去几年中国经济在转型升级、提质增效、脱贫攻坚等方面展现出很多积极变化,以中国企业家的智慧和能力,以中国市场的巨大规模,转型升级是可以完成的。

只要实体经济能够保持活力,制造业不断地创新,中国的宏观经济就能尽快走出 L 形，就能像当年日本和韩国那样，跨越中等收入阶段，创造日本的"隅田河奇迹"和韩国的"汉江奇迹"。中国一定会做得更好！

总之，中国能避免中等收入陷阱。

94. 什么是庞氏骗局，如何去识破它？

1919 年，美国一个意大利移民查尔斯·庞兹（Charles Ponzi），成立了一空壳公司，四处许诺投资者如果向这个子虚乌有的企业投资，将在三个月内得到40%的利润回报。在具体操作时，庞兹把新投资者的钱，作为盈利支付给之前投资的人，用以诱使更多的人上当。由于前期投资的人回报丰厚，庞兹成功地在七个月内吸引了三万名投资者。最终，这个被称为"Ponzi scheme"的"庞氏骗局"，持续了一年之久后终被戳破。

这就是庞氏骗局的来源。虽然这个说法是从 1920 年才开始有的，不过事实上，古今中外，早就有类似的骗局了，开式层出不穷。中文俗语"拆东墙补西墙""空手套白狼"等，其实就是庞氏骗局最简洁的形容。

在当下，由于互联网的发展，这类骗局就更加层出不穷了，如刚破灭的钱宝网就是庞氏骗局。

对于钱宝网是庞氏骗局，有些人不认同。他们认为，只有利用新投资人的钱来向老投资者支付利息和短期回报，以制造赚钱的假象进而骗取更多的投资才是庞氏骗局。

这是对庞氏骗局的"狭义化"理解了。

从广义上，只要是任何一个泡沫金融产品（或企业，本身没有价值，价值也不会变动，即不能把蛋糕做大），而早期的投资者在泡沫之中，赚到了很多钱，并以此为号召，吸引新投资者进来，不断地将泡沫吹大。这就是庞氏骗局了。

如当下最热的比特币，无论被多少华丽的词藻包装，依然具备庞氏骗局广义的所有特点。

谈到这儿，就很容易识破庞氏骗局了吧。

95. 毕业后，该选择留在大城市还是小城市？

就拿我自己来举例吧。我是 28 年前留学美国的，获得电脑硕士之后，进入华尔街做 IT，之后，不断学习金融，渐渐地转入华尔街一线。我一直在纽约华尔街打拼，直到几年前才搬至多伦多。

虽然我是在北美漂着，其实本质上和北漂们是一样的，就是在年轻的时候，想寻求更多更好的机会。所谓，世界那么大，我想去看看。

但凡房价高的地方，往往是机会多的地方，或者可以这样说，凡是机会多的地方，房价一般都很高。房价高低，无论有多少原因，最终都将由商品经济的最基本规律——供求关系来决定。

有事业心的年轻人，更多看中的是发展机会，而大城市一般而言，发展机会更多。

不过，随着互联网的发展，高新科技的崛起，交通的便利，未来的中小城市也可能和大城市一样，有一样多的发展机会。

如美国的"德州金三角"达拉斯—休斯顿—奥斯汀。之前，只有休士顿有些传统产业，如能源。现在，德州金三角出现了越来越多的有关金融、高科技的就业机会。对于年轻人而言，他们现在有了之前只有在纽约、硅谷才会有的同等机会。甚至，德州金三角将是建造第一条超级高铁（Hyperloop 高速磁悬浮技列车）的城市。

超级高铁一通车，德州金三角就将变成一个面积巨大的经济发展圈，整个城市群经济腹地大大延伸，再依靠港口、航道和公路区位，内引外连，向海外辐射。难怪目前，德州金三角是美国失业率最低的地区。我过去许多纽约华尔街的同事都陆陆续续搬了过去。

所以，对于有事业心的青年人而言，房价并不是他们选择哪个地方的障碍，关键是看那儿有没有发展的机会。在这点上，相信全球的青年人是一样的。

96. 美国共和党税改法案正式通过，大幅减税增加赤字，你怎么看？

对于中国而言，美国已然开始不断加息，缩表已经箭在弦上，如果减税案再实施的话，这加息缩表和减税所形成的叠加效应，毫无疑问地会促使资本和产业回流美国，对世界各国都将构成冲击，中国也不会例外。而且，由于中国目前是第二大经济体，又和美国的经济"紧密相连"，受到的冲击将会非常明显。这就难怪最近两天，中国主流媒体对美国减税案的强烈反响了，坚决反对"特朗普的单边减税做法"。

但是，大趋势已定，中国如果不跟进的话，将会非常艰难。而要是跟进的话，财政和基建投资又可能受不了，传导下去的话，银行、企业等也会步步艰难了，甚至会间接影响到每个普通中国人的生活，真可谓进退两难。所以，有种说法，"在要不要减税上，中国被特朗普给绑架了"，还真不是危言耸听。

从多方面来看，我认为，按照欧美的经验，对于房子——占中国人 80%以上的财富——开征房产税，将可能是"兵来将挡，水来土掩"，即中国对付美国的加息缩表和减税的最佳策略。

97. 美股牛市是否即将走到尽头？

美股进入牛市已经九年了，这次的大牛市持续之久是历史罕见的。几年前开始就有美股出现泡沫，马上就要回调的消息了。但是，市场的具体走势是无法准确预测的，这也就是为何分析师老是不准的主因之一。

2017 年底，又有许多财经专家判断美股将大幅调整，跌幅有可能超过 30%。股市无非涨或跌，各有 50% 的概率。

果不其然，最近，美股出现了强弩之末的迹象，如，2018 年 1 月，美三大股指集体大跌。

于是，美股拐点来临的声音又出来了……

不过，对于这个问题，我还是维持之前的判断，美股大幅回调在下面几个现象之下有可能发生：

①美国经济指数全面疲软，那就意味着美国经济的基本面有问题了，而股市是实体经济的晴雨表，自然会反映出来。

②美联储加息频率加快，缩表力度加大，那就是意味着钱本

身更值钱了。比较保守的投资者会将部分资金转移至高息的固定收益产品。

③美元指数大幅回升。加息缩表一定会推高美元指数，而一旦美元指数大幅回升的话，那将会对美元资产重新定价，也就是说，相对而言，美股价格会相应地下降一些。这点在黄金价格上体现得特别明显（美元指数上升，金价下跌，反之亦然）。

④房价下跌，特别是纽约曼哈顿房价的下跌，往往是美股下跌先行的先兆。真可谓，春江水暖鸭先知，可能是因为曼哈顿是华尔街人群聚集之地吧，这个现象屡试不爽。

所以，美股牛市是否即将走到尽头，要看有没有上述现象，哪怕有一个，就有可能终结美股牛市。而同时发生的越多，那股市调整的幅度就会越大，拭目以待吧。

98. 美联储加息对老百姓有什么影响？

首先回答四个字：喜忧参半。

众所周知，美联储已经进入了加息缩表周期，再加上特朗普的三十多年来最大规模的减税法案开始实施。由于这几个措施是息息相关的，我就将这几项经济措施一并来谈。由于美国依然是全球第一大经济体，它们肯定将对全世界老百姓产生影响。而在各国之中，对美国老百姓将是直接的最大影响，对中国老百姓则是间接的最大影响。

目前来看，2018 年美联储还将加息至少三次，更可能四次。对于美国老百姓而言，特别对于中产阶级来说，绝对是大利好。因为，这些措施将使得未来三年，美国经济增长将更为强劲。将继续维持极低的失业率，因为将有大量的制造业回流美国，同时，将改变之前多年来美国中产阶级的实际收入停滞增长的状况，即恢复增长。

对于美国的股市而言，在短期内，由于当下处于较高位，可能会有一个大调整，不过从长线来看，也将依然在牛市之中。不过，由于借贷利率将相应提高，对于楼市而言，房价有可能下滑，特别是高端楼市。

而对于中国而言，并不乐观，美国这次"减税加息+缩表"的组合拳，对于中国经济可谓刀刀见血！如果中国不跟进的话，除了中国的在险债务（据统计已经超过了当年亚洲经济危机之前东亚的水平）令人担忧；较高端的制造业、以及资本都有回流美国的可能。那对于中国的中产阶级，有失业率提高的可能。楼市有大幅调整的可能。其他的资产泡沫有可能被一一刺破，那也会直接间接地影响到中国百姓的纸面财富，甚至真金白银。

另外，由于特朗普修改移民法，其中提及，严格控制大陆留学生来美国学高科技、数理化、自然科学、电脑等。等于切断了很多中国中产阶级去美国留学之路。

总之，美联储加息等货币、经济措施对美国中产阶级利大于弊；而对于中国中产阶级则弊大于利。

99. 为什么贸易顺差、贸易逆差太大都不好？

这个问题显然是指国际贸易，由于各国情况不尽相同，篇幅有限，我就只简单以中国为例谈一下，而且仅从外汇这个角度来谈一下。

先说贸易逆差，就是进口额大于出口额，也称贸易赤字。由于人民币在资本项目下还不可自由兑换，那必须用外汇去支付进口商品，那么外汇储备将减少。如果逆差过大的话，外汇储备就将大大减少，其弊端就不言而喻了吧。

所谓贸易顺差就是出口额大于进口额，那和逆差反之，外汇就会增加。表面来看，不是很好吗？非也。要是顺差太大的话，外汇储备就将大大增加。在中国的外汇机制下，那么国家就必须发行相应金额的人民币向出口企业支付，那么市场上的货币供给量就会大幅增加，即会带来通货膨胀。而通货膨胀的弊端大家都该清楚，就不另赘述了。

100. 特朗普为什么想挑起中美贸易摩擦?

特朗普为何想挑起中美贸易摩擦?很简单,就是因为美中贸易的巨额逆差,也就是说,美国购买中国商品的贸易额大大地超过中国购买美国商品的贸易额。据统计,单去年美中的贸易逆差额就在3 000多亿美元,近2万亿元人民币。特朗普称,中美贸易中,中国人赚了太多美国人的钱了。而这并非新鲜事儿,而是老问题了。也是特朗普在之前竞选美国总统时就反复提及需要解决的主要问题之一。

特朗普上台一年多了,出乎很多人的预料,他不像绝大多数美国政客——竞选时说一套,任总统时做一套。特朗普一言既出,驷马难追,迄今,他在竞选时所提出要做的事情,超过80%的承诺都在进行之中,包括解决中美贸易中的逆差问题。

如何解决这个问题,说复杂极其复杂,说简单也可以非常简单:

①人民币兑美元升值。多年来,美国反复发出中国操控人民

币汇率的声音，说中国故意压低人民币，以在中美贸易之中获利，最极端的声音是美元兑人民币的合理汇率是 1：4，也就是说，比目前 1：6.28 的汇率再上升超过 36%。如果用这个方式来解决问题的话，将对中国经济，以至全球经济产生巨大的影响。

②大幅降低美国商品进口中国的关税。比如，这几天传说美国汽车进口关税将从 25% 降至 5%，即购买美国汽车将便宜两成。最近我正好在国内度假，发现绝大多数进口商品的价格，折合美元计算的话，比在美国的价格高出很多。

③除了中国将可能准备对美国降低进口汽车关税，还可能将开放半导体、金融等其他市场，以及在上次中美贸易摩擦中，中国承诺提升中国工人福利和实施双休，提高中国商品的出口价格等。

所以，中美贸易摩擦就是一场讨价还价的游戏，以解决中美贸易中巨额顺（逆）差的问题。这个解决的过程肯定会对中国经济、以至全球造成一定程度的影响，拭目以待吧。